田中《たなか》秀征《しゅうせい》

小選挙区制の弊害

中選挙区連記制の提唱

旬報社

はしがき　身を捨ててこそ浮かぶ瀬もあれ

このところ急速に現行小選挙区制度に対する不信と不満が募ってきている。

ある講演会場で、試しに現行制度の評価を問う挙手をお願いしたらその大半が現行制度に反対であった。

おそらくその底流には、経済の劣化、社会の劣化、家庭の劣化など、劣化のオンパレードに有効な対応が出来ない政治への苛立ちがあるに違いない。

特にその苛立ちは当然のように政権政党自民党に向っている。

昭和三〇（一九五五）年一一月一五日、中央大学講堂での自民党結成大会以来、私はほとんど目を逸らすことなくその展開を注視してきた。

六〇年安保のような政治的危機もあったし、ロッキード事件などの汚職による危機もあったが、その都度自民党は、指導者を換え、政策を換えて乗り切ってきた。

だが、今回の裏金問題に発する自民党の危機はかつてなく深刻なものだ。一部の特定の政治家を処分して済むような軽い不祥事ではない。現在の自民党の構造と体質から滲み出てきた膿のようなものだろう。

国民・有権者からすると、地に墜ちつつある国会、政党、内閣を生んだ自らの責任を問い、小手先の改革ではなく現在の政治の大転換を期待するのは当然だろう。

今回の裏金事件は、単に岸田文雄政権に退場を求めるものではなく、自民党に見切りをつけるほど深刻だ。そして、それでもなお、野党に対する期待がふくらんで来ないのが痛ましい。

有権者は起きた問題のあくどさに怒るばかりか、それに対する対応の甘さが怒りの火に油をそそいでいる。

岸田首相の認識の甘さに対する世論の失望は世論調査にはっきり表れている。

報道の調査（四月二三日朝日新聞）によると、発覚後数ヶ月を経て、実態が「解明されていない」と答えた人は何と九二％、「解明された」と答えた人はわずか五％であった。有権者からすれば「実態解明がされていない」のだから、連座制などを云々する段階には至っていない。これでは、いつ選挙をやっても自民党は惨敗となる。

国民・有権者が求める実態調査は、①所属全議員に対して、②裏金の存在を知っていたか、③その違法性を認識していたか、④自分がそれに関与していたか、を問う調査から始めることだ。

これを片付けなければ、有権者の関心は政治資金規正法の改正などには進まない。

この問題に対する首相の対応を「評価しない」は七八％、「評価する」はわずか一六％に過ぎない。

これが、ほぼ内閣の支持・不支持に重なっていることを認識しなければならない。
私は、本書で首相に〝身を捨ててこそ浮かぶ瀬もあれ〟と正面突破を真剣に勧めている。総裁選挙や総選挙への思惑、個人の名誉心などをかなぐり捨てて、日本の政治に明るい展望を開くため、選挙制度の改革に向って突き進んでほしい。

令和六（二〇二四）年四月

田中秀征

なお、「Ⅳ　日本政治への論跡」は、朝日新聞のサイト「論座」の連載の中から今日の政治を考える上で参考になる論稿を抜粋したものである。

目次

はしがき……3

I―自民党の立ち往生……11
裏金問題の根は深い……12
整っている公的な支援……13
岸田首相の姿勢に不安感……19
宮沢首相の哲学に学ぶ……21
首相は〝時務〟を果たせ……23
憲法の恣意的解釈による一党支配……26
省庁再編による政治の劣化……29
常軌を逸した世襲政治……31

II―時代が求める優れた指導者……37

指導者の劣化……38
強力な日本の首相権限……45

III―中選挙区連記制の提唱……49

一瞬にして決まった現行制度……50
現行衆議院選挙制度の欠陥……60
中選挙区連記制の提案……65

IV―日本政治への論跡　二〇一九―二三年……69

◉今も生きる新党さきがけの五つの理念―争点なき参院選だからこそ、あらためて吟味してみたい各党の政治理念（二〇一九年七月一二日）……70
◉福島原発事故、東電よりも罪が重い原子力行政―東電旧経営陣無罪判決を見て感じた裁判が焦点を当てきれていない論点（二〇一九年九月二六日）……75
◉自民が城で公明は石垣。連立二〇年で一蓮托生に―小選挙区と自公連立で激変した自民の選挙構造。この関係を公明はどういかすか（二〇一九年一〇月一三日）……82

◉現代版「醍醐の花見」の節度なき招待者八〇〇人―歴代最長の安倍政権は文書の破棄に逃げず、「桜を見る会」の問題点を徹底検証すべし（二〇一九年一一月二一日）……87

◉中村哲医師は正しかった。衝撃の米国アフガン記録―「自衛隊派遣は、当地の事情を考えると有害無益です」と断言した姿に感動した日（二〇一九年一二月一九日）……93

◉検察人事に待った！　奇怪な黒川東京高検検事長の定年延長―政権に都合のいい恣意的な人事・法解釈がまかり通るようだと国家社会は成り立たない（二〇二〇年二月一九日）……98

◉森友学園事件で首相には〝忖度させた責任〟がある
―〝文春砲〟で再燃した森友事件を世論は決して忘れていない（二〇二〇年三月二八日）……103

◉黒川氏をめぐる検察人事の不始末で世論は政権から離反―膨れあがったツイッターへの批判的投稿。メディアの世論調査でも支持率が下落（二〇二〇年五月二五日）……108

◉コロナの時代にこそ政治家は自らの哲学と構想を語れ
―「ポスト安倍」を担う自民党の総裁候補に求められること（二〇二〇年七月一七日）……114

◉社会党（社民党）よ、ご苦労さま　七五年の歴史を経て消滅の危機―保守政治の暴走を防ぐために政治の一角に社会党的絶対平和主義者の存在も必要だ（二〇二〇年一一月二七日）……119

◉〝会食政治〟はポスト・コロナで終わる?!　首相長男の接待問題は政権の致命傷
（二〇二一年三月〇三日）……125

◉ワクチン外国依存の屈辱　新型コロナで露呈した日本の劣化
―「世界から必要とされる国」を目指して（二〇二一年五月二七日）……132
◉岸田首相が宏池会の大先輩に学ぶこと　政治家として真価が問われる二〇二二年
―同郷の池田勇人、宮沢喜一が率いた宏池会と二人が尊敬した石橋湛山の思想・政策を範に
（二〇二二年一月〇二日）……138
◉安倍元首相への歴史の審判は？　大隈重信・板垣退助の葬儀とその歴史的評価
―政治家の真の評価は「さりげなく」、「いつか静かに下される」（二〇二二年一〇月〇四日）……144
◉「反撃能力」の保持に条件あり！　防衛費増はまず行革から―専守防衛の範囲内である反撃能力への
国内外の理解を深めるために必要なこと（二〇二二年一二月一五日）……150
◉岸田首相は「聞く力」より「応える力」を！　施政方針演説を聞いて―維新や終戦といった転換点にも
匹敵する歴史の転換点に必要な政治とは（二〇二三年一月二七日）……154
◉岸田首相は長期の「経済計画」の策定を！　場当たりの政策転換が経済の劣化を招いた
（二〇二三年三月〇二日）……160

I——自民党の立ち往生

裏金問題の根は深い

もう四〇年も前の話だが、ある若手の有力な政治家が私にこう言ったことがある。

「カネに頼る選挙はよくないと思うけど、カネをかけるとかけただけ票は出るね。カネは期待を裏切らない」

それはそういうところもあるだろう。自転車で票の依頼に行くのとタクシーで行くのとは効率が違う。

しかし、有権者が、無条件に「選挙にカネがかかる」と思い込んでいるから、いつになっても「政治とカネ」の問題は無くならない。

今回の裏金問題のような醜い事件を根絶するためには、「選挙にカネがかかる」、「政治にカネがかかる」という政党や政治家からの弁明を認めないことだ。それを認めていれば、政治家はこれからも無理な集め方や無駄な使い方をやめないだろう。もしこれからも続くならそれはもう有権者の責任である。政治にカネがかかるというより、政治にカネをかけ過ぎるのだ。

周知のように政治資金の規制には、「入りの規制」と「出の規制」がある。カネを集めるときの規制とカネを使うときの規制である。

例えば、政治家の慶弔電報を禁止したり、会食費を政治活動費と認めなければ、大幅に政治資金の支出が減り、大規模なパーティーも必要なくなる。

会計責任者と政治家本人との連座制が議論されているが、議論の余地はないだろう。誰が見ても一体の責任がある。これは、これからの改革の成果の一つに加えるに値しない。

それよりも、この際は、厳しく「出の規制」に踏み込むべきだ。それをやらなければ、根本的な改革とはほど遠い。ここで厳しい出の規制に踏み込まなければ何度でも今回のような〝違法な入り〟が繰り返されよう。しかし、今のところ「出の規制」に入る気配さえ感じられない。

政治資金が何に使われているかを追及せずに「政治にはカネがかかる」と認めてしまえば、政治資金の収支に対してどうしても寛大になってしまう。その結果、〝入り〟にも〝出〟にも腐敗がつきまとうことになる。事態への鈍感さは、メディアや有識者と言われる人たちも例外ではない。情報通信手段の革命的変化によって〝出〟も大きく縮小可能なはずだ。

「政治資金」とは通常、①政党交付金（税金）、②個人・企業・団体からの寄附（献金）、そして③党費や党の事業による資金に分けられよう。特に個人の収支報告では①と②が問題となる。

整っている公的な支援

国会議員には、生活のための歳費、宿舎、調査研究広報滞在費（旧文書交通費）などはもちろん、立法作業のための立法事務費も支給される。公設秘書二人、そして立法、政策研究を担当する専門の政策秘書も一人備わっている。公費の支給が複雑化しているので私にもよくわからない。

また国会議員のための公的機関として優秀な衆参の議院事務局があり政策や法案の作成を援護する。昭和二、三〇年代には活用されたこの仕組みも、今ではきわめて限られている。

国会図書館の存在感は特に大きいが、これも残念ながら利用する国会議員は驚くほど限定的だ。

要するに、現在の国会議員には交付金や献金が無くてもそれほど不自由のない政治活動ができる体制が整っているのだ。

ただ、個人が議員立法をするために専門家の作業に経費が必要だとか、熊本の半導体工場を視察に行くとか、政策研究や立法作業にそれなりの政治資金が必要となることもある。しかし、残念ながらそんな支出はそれほど多くはないだろう。

支出内容にはかなりの個人差があるが、共通しているのは、事務所経費、人件費、交通費、印刷費というところか。支出が多いのは慶弔電報など電報代と会食費だろう。会食費は特に政治家個人がその大半を占めているはずだ。

圧縮できるのは電報代。手当り次第に祝電や弔電を打つのは禁止すべきだ。入学式、卒業式、運動会、ゲートボールやカラオケ大会、お祭りや盆踊り、その額は一ヶ月でも気の遠くなる出費だろう。組織政党は街頭ポスターの制限を嫌うが、昔ならともかく今はそれに代わる広報手段が多い。また美観をそこねがちなポスターは、逆効果になる可能性も高い。

本命は会食費。会食費を、政治資金の支出項目として禁止すればよい。

もちろん、会合での食事を禁止するわけではない。食事の時間を避けるか、出席者が各自食費を払えばよい。要するに、政治資金で「ごちそう」する習慣を無くすべきだ。

そうすれば、大きなパーティーも必要なくなるし、違法な収支に戦々恐々とならなくていい。

私は六〇年近く身近かで政治の動きを凝視してきたが、ロッキード事件以来の大きな汚職事件は個人の責に帰するものがほとんどであった。

ところが今回は派閥の問題どころか、野党も含めて政党の問題であり、放置してきた日本の政治全体の問題である。「政治倫理審査会（政倫審）」には出席するが、「証人喚問」には出席しないで済むという段階をとうに過ぎている。無実であれば進んで証人喚問に出るはずではないか。

今や自民党だけでなく、戦後政治の構造全体が音を立てて崩れつつある。

裏金問題発覚以来、岸田文雄内閣の世論調査での支持率はおおむね二〇％前後、不支持率は七〇％前後で推移している。

報道各社の世論調査は、設問や調査方法などの違いで結果の数字に多少の違いは出るが、「傾向」はほぼ同じになる。

年末・年始の発覚当初は、裏金問題のあまりのひどさが一気に低支持率として表れた。これが持ち直さなかったのは、政治が国民を納得させる処理ができず、その自浄能力の欠如が低支持率を固定化したのだろう。空虚な政倫審を開いたことによってさらに不支持が強まり、自民党が不治の病に陥ってしまった印象を与えている。ここで一歩進んで証人喚問に持ち込んでも納得いく結果が出そうもないからさらに落ち込むに違いない。

四月四日の自民党による裏金関係議員に対する処分の甘さや不平等さに世論はあきれるばかりだ。岸田首相には自分の再選に有利か不利かがこの問題への対応の判断基準のように見える。これでは、さらに支持率が落ち込むことになりかねない。首相は森喜朗元首相にも事情を聴取したそうだが、単なるアリバイづくりの域を出ないのではないか。

ひょっとすると岸田首相には重大な勘違いがあるようだ。

首相は、国民のために、国民と共に自民党の諸悪と闘っていると錯覚しているのではないか。しかし、国民・有権者は、裏金問題を知り、その違法性を認識していれば首相であっても政治責任は大差ないと思っている。それどころか、その違法行為を続けた組織のトップに立つ人には、特別に重大な責任があると受け取っている。

小泉純一郎元首相らは既に「解党的出直し」を要求している。国民の多くは「的」のない「解党」さえ要求しているだろう。

岸田首相の取る道は二つしかない。

一つは、この問題の責任を取って辞職すること。

もう一つは、今回の一件の徹底した実態解明を断行するとともに政治の劣化を招いた制度そのものの根本的な改革を主導すること。

ここで、凡人ならまず考えるのは、のるかそるかの解散総選挙に出ることだろう。それは何ら建設的なものを生まない。自暴自棄の対応とみなされて見捨てられるだけだ。

さてメディアの調査には内閣の不支持理由について気になる結果もあった（産経新聞二月一九日）。内閣支持率二二・四％、不支持率七二・五％は他紙と同じ傾向だが、岸田首相を支持しない理由として「他によい人がいるから」と答えた人がわずか一・八％に過ぎない。「他に首相になってほしい人はいないが、とりあえず岸田さんは支持できない」というのはきつい。読売新聞調査でもほぼ同じ数字（二％）であった。

それでも首相候補を何人か挙げて問うと、二〇％くらいの数字が出る人もいるが、岸田首相と比べても五十歩百歩の支持しかないと読み取れる。

このような非常事態にあってなお党内で沈黙を決め込む人が期待できる総裁候補ではあり得ない。何らの改革案も将来構想も示せないから、一・八の数字になってしまう。国民・有権者は首相に厳しいが、居並ぶ次の総裁候補にはもっと厳しいようだ。

代る首相がいない、代る政権政党がないという国民の苛立ちは高まるばかりだが、このまま総選挙となれば、その後のことはともかく自民党は壊滅を免れない雲行きだ。自民党が大敗すれば代ってよりいかがわしい政権や新党が登場する可能性もある。そうなったら国家的危機だろう。

さて、衆議院は四月一一日、政治資金規正法の改正などを議論する「政治改革特別委員会」を設置した。

首相は既に三月の自民党大会で、「今国会で政治資金規正法の改正で結果を出さねばならない」と言明した。だが、首相が指示した三つの改正点、すなわち、議員本人の責任強化、外部監査の強化、デジタル化による透明性向上の三点（朝日新聞四月一二日）ではいかにも焦点がボケている。

国民・有権者が当然のこととして求めているのは、裏金問題の徹底解明だ。その大前提から逃げては、どんな改革案も受け容れないだろう。

まず、自民党国会議員一人ひとりが「裏金の還流を知っていたか」、そして「それに関与していたか」、さらに「その違法性を認識していたか」について明らかにすることだ。それを明確にしなければ、有権者は自分の選挙区の自民党候補を当然悪い方と受け止めて選挙戦で追及するだろう。またメディアをはじめ、さまざまな団体がアンケート調査で問い詰めるだろう。特別委で野党に追い詰められる前に、より深く実態解明の成果を挙げなければ総選挙は背中を向けて逃げ回ることになりかねない。

それがあってはじめて特別委は第二段階の法改正に進むことができる。

訪米から帰国以来、首相は政策活動費の使途公開に踏み込もうとしている。政局への思惑も感じられるが、もう後戻りできない。しかし、先述した「出の規制」に切り込まなければ、またもや同じような事件が起きるだろう。

かつて自民党には今回のような全党的危機が訪れたことはない。事態を甘く見て自民党が立ち往生するとしても、国や国民まで道連れにされてはかなわない。

岸田首相の姿勢に不安感

おそらく岸田首相の最大の目標、最大の関心事は九月に予定される自民党総裁選で再選されることではないか。その腹が透けて見えるのは、首相の人の好さからだろう。

株価や賃上げは期待以上の経過をたどっている。六月の減税も納税者は楽しみにしているだろう。裏金問題もそれなりの法改正をして時が経てばほとぼりが冷めるだろう、

これで四月の訪米で首脳会談、議会演説を成功させたので支持率を回復させることができる。その上昇局面で解散、総選挙に持ち込めば野党にも圧勝できるし、自民党内でも他を圧することができる。

おそらく国民の大半がこう首相の思惑を感じているだろう。しかし、そんな悠長な展開になるはずがない。四月になってからは、それまでの対応が明らかに裏目に出てしまっている。

起死回生の舞台と意気込んだ米議会での演説はどうだったか。確かに堂々として解りやすい演説だったと思う。

しかし、これによって一時的に支持率の微増がもたらされても、内閣、そして自民党への信頼が回復できたわけではない。首相が米国を持ち上げるだけではなく、一言でも厳しい注文を付け加えることを国民は願っていた。

かつて、フランスのドゴール元大統領は、政治家の思考や行動を一義的に左右する要因は、その人の〝性格〟であるという趣旨の発言をしたことがある。したがって政治家の性格を見究めることによって、今後の展開を相当程度見通すことができる。

二〇二三年三月、私はある報道に接して驚いたことがある。福島で開催された〝こども政策対話〟での岸田首相の発言だ。

そこに参加した中学生に「なぜ首相を目指したのか」と問われ、首相は「日本の社会で一番権限の大きな人なので」と答えた。

「世界平和のため」とか「国民生活のため」などと言えばわざとらしいが、それにしてももう少しましな回答が浮ばなかったのか。中学生からは単なる権力亡者と受け取られかねない。

この件で私が即座に思い出したのは、その前年、安倍首相の葬儀について、いち早く「国葬にする」と明言したことだ。おそらく彼は、党内はもちろん、多くの国民が賛同し、その決断の速さを評価すると思ったのであろう。その実績の検証、法的根拠などに言及することなく独走したことに大きな不安を感じさせた。

これでは、ドゴールの眼には民意の動向を読めない「軽率な性格」と映るかも知れない。

とにかく、「日本で一番権限の強い人」は、〝思いつきの発言〟や〝不用意な発言〟は厳に慎しんでほしい。取り返しのつかない言動には慎重にも慎重を期してほしい。

宮沢首相の哲学に学ぶ

幸い岸田首相は、宮沢喜一元首相を「わが師」と公言している。そうなら、まずは、〝権力行使〟についての宮沢流を自信を持って継承してほしい。

宮沢元首相は何度となく私に権力行使についての宮沢哲学を披瀝していた。おそらく、岸田首相も耳にしたり目にしたりしているだろう。

「首相の権力行使は戦々恐々としてすべきもの」

この言葉が使われた「詩経」では、心で怯えて震えるということではなく、深い渕を覗き込んだり、薄氷の上を歩いたりするときのように、慎重で謙虚な行動をする意だと。

首相になった直後には「大型船の船長のようでありたい」とも語っていた。

船の乗り組み員がそれぞれその持ち場で責任を果していれば船長が余計なことをする必要はな

い。船長は何よりも船の目的地を明確に示し、船が間違いなく目的地に向かっているか、嵐が迫っていないか、大局を見て、異常な事態に際して先頭に立てば良いと。

同時代の中曽根康弘首相は、常に陣頭に立つ指導者だが、それはそれとして宮沢氏は自分の個性に合う指導者像を念頭に置いたのだろう。

宮沢氏の高い見識は追随を許さないものであったが、それでも戦々恐々と発言し権力を行使していたのだから、われわれ凡庸な政治家が同じ立場に立つなら、より慎重にならねばならない。いずれにしろ、首相には、まずは国民をどこに運ぶか「目的地」を明確にしてほしい。

政治指導者で最も警戒すべき〝性格〟は、猜疑心、憎しみ、冷酷さ、劣等感が強く、それが言動を左右し、権力行使につながる人だ。近年、大国の指導者にはこういう性格の人が多くなり、世界の将来を脅かしている。独裁、専制、強権を志向する指導者はほぼ例外なく猜疑心や、劣等感の強い人だ。

岸田首相は凡庸かも知れないがこんな陰湿なタイプの人ではない。明るさも温かさもある。だから、岸田首相には、大事な案件について発言するとき、必ず誰れかに相談する身近かな体制を整えてほしい。そうでなければ、国民は安心して付いて行けない。

ただし、相談相手はあくまでも〝個人〟であったほうが良い。官僚や政治家は一定の進言をしても組織や立場の制約を受けるから、妙案や見識は期待できない。むしろ尊敬する恩師や僧侶などから思いがけない見識が示されるだろう。

「これは絶対大丈夫」と思うことほど、他の誰れかに相談してもらわなければ、民意はどんどん離れるだろう。

「一番権限の強い人」は「一番見識の高い人」でなければ国民は安心して政治を委せられないのだ。それは後述するように、現在多くの大国の指導者が、不見識で独善的な人物に占められているからだ。

首相は〝時務〟を果たせ

未だ二〇代の頃、宇都宮徳馬代議士に、「時務を識る者は俊傑に在り」という色紙をいただいたことがある。以来、私の脳裏から〝時務〟と言う言葉が離れないでいる。『三国志』に出てくる言葉で「今、何をすべきかを識る者は優れた人物だ」と教えられた。

政治において今すべきことは何か、特に岸田首相の時務は何か。きわめて明快である。

それはまずもって腐食した戦後政治の土台を一新することだろう。特に新しい自立した優れた人材が政治に流入できるようにする改革こそ時務である。

首相は〝新しい資本主義〟を掲げたが、それは〝立派な政治〟と同じで何も掲げていないのと同じだと受け止められている。

国民の立場からすると総裁候補と言っても、何ら自分の構想を示さないようでは支持することもできない。七〇年代の派閥の長は、それぞれが独自の構想を掲げて切磋琢磨したものだ。

今、何となく宮沢喜一元首相の静かなブームが起きている。華々しく立ちまわる人ではなかったが、現在取り立てて回想されているのは、その抜群の構想力によるものだろう。控え目な船長だったが「目的地」は実に明確で船員にも信頼されていた。

宮沢氏は九一年の自民党総裁選に出て一一月に首相に就任した。

その政策スローガンは「生活大国の実現」で政治スローガンは「未踏への挑戦」であった。

実は、この生活大国構想は付け焼き刃ではなく、一〇年がかりで練り上げてきた確固たる構想だ。八四年の資産倍増政策で始まり、それが宏池会の旗となり、九二年の生活大国五ヶ年計画で正式に国の目標になったのだ。

日本は所得・賃金で欧米諸国を抜いても国も個人も資産が少なく雨もりのする貸家に住んでいる人も多い。イギリスでは、所得で日本に負けていても、奥の部屋にはルノワールの絵が飾ってあったりする。経済の成果が生活環境の整備や持ち家につながるように、政府が計画的にその展望と指針を示し、財政的な支援もする。

田中角栄首相は、列島改造を唱い、主として産業関連の社会資本整備に取り組んだが、宮沢首相は、住宅、上下水道、緑地、公園をはじめ生活関連の社会資本の充実・整備を目指した。

「今までは、平和、自由、豊かさを目標としたが、ほぼそれを得ることができた。これからは〝公正〟を目標にしなければならないな。」

これは八五年のプラザ合意の直前、私に語った決意であった。

そのまま放置すれば、経済格差が大きくなり、公正さが失われると心配したのであろう。政治に長期展望と構想力が失われたため、今や宮沢氏の想定を上回る格差社会が現出している。

目標を掲げない政治は、行き先の書いてないバスのようなもの。乗客は不安で運転手に身を預ける気にはならない。

岸田政権の支持率が低いのは、政治腐敗が露呈したというだけではなく、これから何をするか分らないからではないか。

そこに、裏金問題によって、「抜本的政治改革」が天命として突きつけられたと言うべきだろう。〝時務〟として与えられた政治改革を実現したら退陣すると言明すれば、多くの国民は首相を全力で支えるだろう。間に合わせの成果を挙げて留任しようとすれば、無内容な小手先きの改革しかできないし、支持回復も望めなくなる。

自民党内にこの裏金問題に無関係な国会議員はいないだろう。直接関与しなかったにせよ、その実態や違法性について知らないはずはない。有権者のほとんどはそう感じているはずだ。

自民党は日常的な自浄力ばかりか、生死がかかる危機に臨んでの自浄力も失ってしまったのだろうか。

自民党の劣化要因はさまざまだが、野党のふがいなさとは別に、やはり、憲法の恣意的解釈や現行衆議院の選挙制度、とりわけ小選挙区制が、強力に自民党の一党支配を援護してきたからだろう。そして、不動の一党体制は、当然のこととしてそれを構成する政治家を劣化させることになる。

憲法の恣意的解釈による一党支配

徳川幕府は大坂夏の陣からほぼ一〇〇年を経て体制が劣化して改革を必要とした。その改革を主導したのは和歌山藩主であった徳川吉宗だ。大改革は、ほぼ例外なく辺境の人、外部にいた人が主導するものだ。「改革者は遠くから来る」のは、その人が改革の対象の外にいたからだ。この際、「近くにいた改革者」岸田首相が小手先きの改革で済ませようとすれば、世論は間違いなく大きく反発するだろう。岸田首相に対抗するのは野党ではなく、また他派閥でもない。世論、民意が相手である。道は一つ。身を捨ててこそ浮かぶ瀬もあれ。それ以外の道は考えられない。

自民党は一九五五年の結党以来、近く七〇周年を迎える。その間、短命な細川護熙政権や民主党政権があったがほぼ一貫して政権を維持してきた。

特に近年は自民党一党支配と言われる圧倒的な絶対過半数で野党の追撃を許さないでいる。

しかし、そのことが、自民党の政権担当能力を劣化させているのである。

ここであらためて検証すべきは自民党政権には実質的に、法制度もその優位性を保障してきたのではないかということだ。

周知のように、日本国憲法は、米占領軍司令部の草案を土台としている。米国が大統領制であるため米国の専門家は総じて議院内閣制に疎かったのは無理もない。そのため、議院内閣制に特有の「議会と内閣」の関係、とりわけ「解散権」について条文に欠陥があったとしても無理はない。

また、きわめて短期間の作業であったので、不完全な条文によって、現行憲法には、さまざまな類推解釈が生じるに至った。しかも、それは統治機構の重要な条文であることが悩ましい。

特に不可思議な解釈によって、首相、内閣、与党の権限を不当に強めている条項が三点ある。

一つは、七条解散と言われる内閣による衆議院の解散権だ。憲法七条の天皇の国事行為に列記されている儀礼的、形式的なものだが、それを根拠としての首相の解散権行使はどう考えても憲法の想定するところではない。

やはり、解散権は、六九条で内閣不信任案が可決されたとき、総辞職しない場合の選択肢とするのが自然であり、その解散権の行使に天皇の国事行為（七条）が権威づけている。それ以外の解散権は恣意的解釈と言えるだろう。

これが吉田茂首相によって最初に行使されたのは一九五二（昭和二七）年の解散・総選挙で、当時

「抜き打ち解散」と言われ「憲法違反」の声が一斉に上がったのを小学生だった私でさえ覚えている。

しかし、その後の解散は、むしろこの七条解散がふつうになり、不信任されたときの六九条の解散はごく少ないものになった。それ以後は違憲の声も小さくなっているが、どう読んでもこの七条解散は憲法の容認する解散とは思えない。

この七条解散は、与党の優勢が明らかなときの解散であり、六九条解散は、不信任案が可決された場合だから、野党に比較的有利な解散と言える。

したがって、七条解散は、与党そして首相にとって政権運営の最大の武器となっている。

もう一つは、これも既に既成事実化しているいわゆる〝同日選挙〟である。参議院の通常選挙に衆議院の総選挙をぶつけてくるという事態は、過去に二例ある。最初は八〇年の「ハプニング解散」、もう一つは八六年の中曽根首相による意図的同日選挙だ。いずれも与党が圧勝したが、岸田首相も二五年の参院選を、同日選挙に持ち込むのではないかと言われている。

常識的に考えてこの同日選挙も憲法が期待しているものではない。憲法に同日選挙を禁止する条文がないと言っても、両院制の趣旨から言っても憲法の許容するところではないと解釈するのが自然だろう。

これも政権与党にとって、時の首相にとって圧倒的に有利な法解釈だ。

さらにもう一つ。五三条の臨時国会の召集についての憲法の規定にも重大な不備がある。

これは、衆参いずれかの議院の総議員の四分の一以上の要求があれば、内閣は、臨時国会の召集を決定しなければならないのだが、憲法にその期限が書いてないので放置されてしまっている。

野党が臨時国会を要求するのは、それが野党にとって内閣、与党を追い詰める材料があるときだから、憲法に回答期限が書いてなければ政府・与党はその要求を放置することになる。したがって臨時国会は、おおむね与党にとって有益で有利な時期にだけ開かれる。これもまた与党自民党を大いに助けている。

この明らかに与党自民党に有利な憲法解釈がなかったら、おそらく自民党の長期政権はあり得なかっただろう。これによって構造的劣化は隠され、隠されたことにより、また劣化が昂進したのだ。

この三つの憲法解釈は、国民、有権者の意向を無視することになり、なるべく早く規定を明確にする改正が必要だ。

省庁再編による政治の劣化

前世紀中は、ＮＨＫの正午のニュースが自民党の朝食を兼ねた政務調査会の部会の映像で始まることが多かった。そして外には記者たちが耳をドアにつけて議論を盗聴している姿があった。

当時は、それぞれの政策分野に精通した族議員と呼ばれる政治家がいて官僚組織に立ち向かった。二、三年で部署が変わる官僚に比べて、二〇年も三〇年もその専門分野に取り組んでいる政治家は、知識も経験も構想力も官僚を上回ることが少なくなかった。確かに族議員には利権漁りの問題もあったが、党や国民の意向を政策や法案に盛り込む、これぞ政治家という役割もあった。

ところで、二〇〇一年の省庁再編は国民から見て「誰れも頼んでいない改革」であった。

自社さ政権の村山内閣で、消費税を三％から五％に上げたとき、与党は税制大綱で、徹底的に冗費削減の行政改革を断行することを条件と課した。それは私自身の妥協できない主張であったので忘れられない。しかし、行政側は、私が国会を去ってから直ちに税金の無駄使いを無くす条件をさておいて、「機構改革」という名の行政改革でごまかしたのである。

こうして省庁再編によって、当該省庁にも国民にも統合理由が不明なまま省庁が併合された。これについては「縦割行政の弊害是正」でその意義を解説するが、いかにも苦しい弁解だ。

一体、省庁は、無理な統合はすべきではない。統合になじまない省庁、例えば文部省と科学技術庁、あるいは労働省と厚生省は近いようで遠い専門分野であり、独立していた方が透明性があり国民的利益に応えることができる。そして、省庁間の政策対応の違いとその調整が国民の前にさらされる。

実は、縦割行政の政策、法案に関する溝を埋め政策調整の役割を担うのが本来は政治家の役割のはずであった。その政治の役割が急激に減少すれば政策論争も少なくなり、お昼のニュースへの出番は激減する。

自民党には、官僚の上を行く口うるさい税制通、農政通などがいたが、今や見る影もなく官僚O

Bに仕切られている。これこそ深刻な劣化ではないか。これは後述する小選挙区制の弊害でも言及する。

私は小選挙区制を導入した「政治改革」と誰れも頼んでいない省庁再編という「行政改革」を平成史の二大改革と呼び、それが日本の劣化を加速したと深く反省している。なぜなら自分自身が当初深くかかわったこの二つの改革が結果的に目的を大きく逸れて失敗に至ったからである。

常軌を逸した世襲政治

自民党の国会議員のうちいわゆる世襲議員はほぼ三割と言っていい。（二一年一〇月時事通信調べ、二九・五％）父母、義父母、祖父母、三親等内親族が同一選挙区で国会議員を務めた候補が当選者となった場合を言っている。

同じ選挙区で父母、祖父母などが首長や県会議員を務めた場合も厳密には世襲候補だが、この場合は国会議員を継承した人に限った数字である。

「世襲議員にも良い人はいる」と言われているうちにここまで来てしまった。今回の政治危機に際しては、自民党における世襲政治は初めて厳しい検証を受けることになるだろう。

ふり返ると、現在の世襲政治家の源流は、六〇年安保の余韻が残る衆院選（三八年）であった。橋本龍太郎、小渕恵三、西岡武夫という二六歳前後の気鋭の国会議員が誕生した。この三人はその後二人が首相、一人が参議院議長を務めている。明治以来世襲政治家は存在したが、政治現象としての世襲化の流れはこの選挙からだろう。

この三八年総選挙は、非世襲の創業政治家も輩出した。伊東正義、中川一郎、渡辺美智雄など首相となる見識も力も持ち合わせている人たちだ。彼らが首相となり得なかったのは、若い世襲政治家と一緒に出世の階段を昇らざるを得なかったからだろう。

自民党では六〇歳を過ぎて初当選した人が総裁になり首相になるのは至難の業だろう。経済界、官界、学界、言論界などからの優れた人材であっても、若くして当選しなければ昇りつめることは難しい。

年下でも当選回数が多ければ「センセイ」と呼んでそれに従うような秩序が強まると、必然的に党の力は減衰していく。世襲の流れが強まれば強まるほど自民党は劣化することになる。

最近では、自民党は徳川の幕藩体制のようになりつつある。すなわち、選挙区が藩で、世襲政治家が藩主の立場にある。支持者も家来のようになって世襲されている。世襲政治家の支持を親から継承する青年会議所会員は、その藩の上級武士のような存在になっている。

だが、かつての武家政治の世襲体制には大きな責任と処罰が伴っていた。

武士は間違いを犯せば切腹、大名はそればかりか国替えやお家取りつぶしだ。今の政界のように格別の重い責任を伴わない世襲体制では任務が緩むのは当然だろう。

昔なら、今回の裏金事件は全員切腹だし、党はお家取りつぶしだろう。世襲制度には、どこの国、いつの時代でも格別の重い責任と義務が課せられてきた。それがない世襲は言わば必然的に緩みや害が避けられなくなる。

世襲政治家にも立派な人材もいる。その通りである。しかし、それを唯一の理由として今後も世襲化の流れを強めれば、自民党が、そして日本の政治がさらに劣化するのは避けられない。

世襲化は小選挙区制が導入されてから一段と激しくなっている。後述するように世襲候補は中選挙区制のときよりさらに有利になっているからだ。

もうわれわれはこの問題を放置することができない段階に来ている。

この改革は、世襲政治家を排除する道ではなく、新しい有為の人材に道を開けることに主眼を置いて進めればよい。

しかし、劣化しているのは政治ばかりではない。行政はもちろん経済や科学技術を含めて全体的に指導者が劣化している。

ところが、皮肉にも、この時代は大きく変貌し、年々一段と困難さを増している。

少子高齢化、人口減少、外国人との共住という共同体の変質。そして既存の社会資本の改修の必要、さらに低賃金やインフレ。政治や行政が今までのように安穏としていることが許されない。少なくとも、首相をはじめとする政治家の構想力、実行力が今までより数段上のものが求められている。

さらに、世界に目を向けると指導者の劣化は放置できないところに来ている。

私は八九年末の米ソ両首脳によるマルタ会談で「冷戦の終結」が宣言された後に新聞紙面（朝日新聞）で次のように警告した。

米ソ両大国の「冷戦の檻」に閉じ込められていた二匹の猛獣が檻から解き放たれた。われわれはこの二匹の猛獣を飼い馴らす術を未だ用意していない。

二匹の猛獣とは、政治のナショナリズムと経済のグローバリズムである。

ナショナリズムは、冷戦終結直後にユーゴスラビアを分解し、それから今に至るまで世界の至るところで荒れ狂っている。ウクライナのような防衛的ナショナリズムはともかく、ロシアや中国の侵略的ナショナリズムは、国連の名においても阻止できず、国連の権威を地に落としてしまっている。今のところ、人類はこのナショナリズムを有効に制御できる仕組みを生み出していない。

それ以上に、突然出現したグローバル経済はさらに悩ましい問題を突きつけている。

冷戦時代の経済圏は、アメリカを盟主とする自由主義経済とソ連を盟主とする社会主義経済が、ヒト、モノ、カネの相互乗り入れを禁じて、二つの別個の経済圏が存在していた。しかし、冷戦の終結が世界経済に与えるすさまじい影響に対する用意がなかったため、この放し飼いの猛獣は、大きなプラスとともに、大きなマイナスをもたらした。

隣り合った二つのプールを連想すればよい。その間の水門を取り払ったらどうなるか。二つのプールは同じ高さになるまで水は動き始める。賃金や地価ばかりでなく、さまざまな生産要素が平準化するまで動くのである。労働者は高い賃金を求めて動き、企業家は安い賃金、安い土地を求めて動く。流通段階の問題を捨象すれば、基本的にはグローバル経済は平準化するまで続く。かくして開発途上国の人々の生活水準は上昇するが、先進国の人々の生活水準は停滞することになる。極論すれば、賃金の平準化は、世界の完全雇用が実現するまで続くことになる。

日本の現状も当然予想できたはずではないか。

このような困難な時代を展望すると、政治の構想力や実行力は今までの常識を捨てて考えなければならない。

特に、トップに立つ政治指導者は、今までの延長上で考えてはならない時代を迎えている。これから愚かな指導者を持てば、それこそ取り返しのつかない事態を招く恐れがある。政治指導者の劣化がどれほどの惨劇を招くか、ふり返ってみよう。

II——時代が求める優れた指導者

指導者の劣化

〈愚か者の競演⁉〉

第一次世界大戦は、二、三人の愚か者が引き起したと言われる。実際、ドイツ皇帝ヴィルヘルム二世、ロシア皇帝ニコライ二世と英国王ジョージ五世はいずれもヴィクトリア女王の孫すなわちいとこ同士であった。一次大戦は何と彼らが敵味方に分かれて戦ったのだ。

このことについてイギリスの首相を務めたロイドジョージは『世界大戦回顧録』の中で痛罵を浴びせている。

一次大戦史は「指導者として大ヘマをおかしたと――自分に対しても――白状するよりも百万人が破滅する方を望んだ二ないし三の個人の物語でもある。」

要するに、自分の大ヘマを認めるのが嫌やだから、大騒ぎになるだろう百万人が破滅するほうを選んだということだ。

彼は一次大戦は「行きあたりばったりに戦争にのめり込んで行ったのだ」と書いている。

その「行きあたりばったり」の一次大戦で戦闘員、民間人合わせて一説では三千七百万人に及ぶ犠牲者が出た。一次大戦は、かつてない愚か者の競演であった。

しかし、それからたった二〇年を経たばかりに、人類は、皇帝や王ではない「選挙で選ばれた」

愚か者たちによって、第二次世界大戦というさらに大きな不幸に見舞われることになった。およそ四千から五千万人の犠牲者が出たと言われる。

なぜ、そうなったかを確認すると、誰れもが唖然として頭を抱えてしまうはずだ。

ヒトラーの進出を許したドイツ国民にはもちろん大きな責任がある。しかし、ヒトラーの他国侵略を招いた責任は周辺のヨーロッパ諸国、特に凡庸な指導者たちにもある。とりわけ、イギリス首相チェンバレンとフランス首相ダラディエには特筆すべき重大な間違いがあった。

一九三八年九月、ドイツのミュンヘンで開かれた英・仏・独・伊の四ヶ国指導者の会談によって、第二次世界大戦の導火線に火が付けられた。チェコスロバキアのドイツ人居住地区（ズデーデン地方）をドイツによこせとヒトラーが、チェンバレンとダラディエに迫った。ヒトラーの「これが最後の領土要求」という言葉に応じて英仏両首相はこれを受け入れた。これが宥和政策と言われる有名な「ミュンヘン協定」だ。しかし、協定成立の何と翌日にドイツ軍はチェコスロバキアに侵攻したのだ。

もう一人の参加者はイタリアのムッソリーニ。ヒトラーと会談前に、いずれ共に英仏と戦う約束をしていた。言わば、これは二悪二愚の指導者たちの会談であった。

チェンバレンはあのヒトラーを心から信じ敬服するということで著しく判断力に欠けていた。典型的な二世政治家で、平穏な時代の凡庸な役職にしか通用しなかった。一方のダラディエはヒトラーの野望を秘かに疑っていたが、それを明言する勇気と決断力に欠けていた。

「ミュンヘン会談」と言えば、ケネディ米大統領を思い出す。六二年一〇月のキューバ危機でソ連がキューバに核ミサイル基地を建設しているのを知るとケネディは電光石火直ちに海上臨検を実施してソ連の意図を挫いた。ケネディの優れた判断と決断で核戦争を未然に防いだのだ。

余談だが、ケネディはハーバード大学の卒論のテーマに、この「ミュンヘン会談」を選んでいる。その宥和政策の不幸な結末がケネディの頭をよぎり、直ちに断固としてソ連に対抗したのだろう。

ダラディエは南仏のパン屋の子。第三共和制下で首相にまで上り詰めたのだから、群を抜く資質を持ち合わせていたのだろう。しかしヒトラーへの宥和が平和ではなく戦争を招くと知りながら逆の決断をしたのは、民衆がそれを理解できないと推測したからだ。フランス（イギリスも）の民衆の大半はその時点で「ミュンヘン協定」が平和をもたらすと受け止めていたのである。彼は体を張って民衆を説得する勇気を持たなかったのだ。

戦後世界にも指導者の大きな失敗はなくなっていない。その一つ、現在の世界の混乱を助長している近年の米大統領の致命的な失敗を確認しておかねばならない。

それは二〇〇三年三月、ジョージ・ブッシュ米大統領によるイラクへの侵攻である。米英軍は四月にはバグダッドを陥落させてフセイン政権を崩壊させたが、侵攻の大義名分とされた①イラクの大量破壊兵器の所有も、②九・一一テロを起したアルカイダとの関係も認められなかった。

この件では米英両国は率直にその歴史的失敗を認めているが、侵攻にいち早く賛成した日本は今もって明確な総括をしていない。

米国ではこれを「世紀の失敗」とし、当時のパウエル国務長官は「私の人生の汚点」と悔んだのだ。しかしブッシュ大統領は真剣に、「米軍は解放者として歓迎されると信じていた」と米国の識者は語っている。（朝日新聞二〇二三年三月一九日）これではチェンバレンと同じであろう。

私は当時、「この戦争を始めたら歴史的間違いになる」とメディアを通じて強調したが、それはブッシュ大統領に歴史的決断への深い苦悩を感じなかったからだ。湾岸戦争でフセインを追いつめなかったことは父ブッシュ大統領の一つの見識と言えるがそれを中途半端な決着と受け取る人も少なくなかった。「この際、父を越えるチャンス」とでも考えたのではないかと強い懸念があった。実際、息子の大統領選立候補については父ブッシュは宮沢喜一氏にためらいをもらしたことがある。

私は対イラク政策について「戦車で運んだ民主主義は根付かない」と強調したが、案の定、「イスラム国」に至る流れは周知の通り、中東の混迷を深めるばかりだった。最初のアフガニスタン侵攻も結局はタリバン政権を復活させ、二〇年を経て米軍は撤退に至った。

実はブッシュ米大統領の愚かな決断は、単に過去の間違いだけでなく、現在の国際社会にも深刻な致命的影響を与えているのだ。

米ブラウン大の研究チームは、米国の「九・一一」後の二〇年間で、一連の対テロ戦争の費用が八兆ドルにのぼるとする報告書をまとめた（朝日新聞二〇二一年九月二日）。

この米国の途轍もない浪費が、いまウクライナへの支援額に大きな影響を与えているのだ。

ドイツの研究機関の調べでは、二二年一月から二三年一月までの米国のウクライナ軍事支援額は日本円で一〇兆円に過ぎない。もしイラクへのムダ使いが無ければウクライナの軍事支援は何十倍もできたではないか。そして、二三年のウクライナの反転攻勢の成果もケタ違いであったろうし、そもそもロシアは怖くて手を出さなかっただろう。

最高指導者の不用意、不見識が後にいかに凄惨な事態を招くか歴史は絶えず警告している。

世界大戦後、八〇年近い今、世界の指導者はおしなべて質的に低下しているように思うのは私だけではないだろう。特に現在の日本の首相は、世界の指導者たちの意図を見抜く必要がある。悪しき流れをくい止めることが期待される。大国の指導者には、専制的、好戦的な人が多い。一次大戦、二次大戦の前に匹敵する愚か者の競演にも見える。

岸田首相に限らず、最近の日本の首相は、チェンバレンやダラディエそしてブッシュを上回る見識や資質を持ち合わせているのか。何よりも真に優れた指導者を政治の第一線に押し上げる仕組みが用意されているのか。それを現状の政治的混乱は深刻に考えさせてくれている。今後の日本の首相には今まで以上に間違った発言や行動が許されないことをあらためて肝に銘じるべきだろう。

日本の憲政史上、有数の政治指導者とされる石橋湛山元首相はこう喝破している。

「代議政治の要諦はその政治機関、要するに議会および政府に優秀なる人物を得ることである。

一人のキリストあれば、人類は思想的に救われる。一人のグラッドストンが出れば、人民は政治的に解放される」

要するに、議会政治の一義的使命は、第一級の見識と資質を有する人物を最高指導者の地位に据えることだと言う。

一人のグラッドストンが出れば、人民は政治的に解放されるが、一人のチェンバレンが出れば、人民は不幸のどん底に突き落とされる。

〈どうなる世界の選挙〉

二〇二四年は世界の人口上位一〇ヶ国のうち七ヵ国で国政選挙があり、世界人口の半分が投票できるのだそうだ（朝日新聞一月二八日）。

その中で特に注目されてきたのは三月一五日のロシア大統領選挙と一一月五日の米大統領選挙であろう。ロシアは、民主主義とはほど遠い選挙でプーチン大統領が五選された。次にインドのモディ首相の進退がかかるインドの総選挙が四、五月に予定されている。

最近では、世界の指導者を分類するとき、自由主義か社会主義かと言うより、民主主義か権威主義かと言う分け方が多くなった。「権威主義」は「専制主義」を弱める感じで使っているのだろう。そうすると、米大統領選では、民主党のバイデン氏を民主主義とするならトランプ氏は権威主義、専制主義に見えてくる。もしもトランプ再選となれば不用意な言動が国際社会に深刻な事態を招く可能性も出てくるだろう。

大国の指導者では、ロシアのプーチン大統領と中国の習近平主席は、一般的に専制主義者と見られている。専制主義や権威主義は内向きの場合と外に向く場合があるが、両者共に、平気で「力による現状変更」に踏み込むヒトラーを彷彿とさせる。対する米国からも同種の大統領が出現すれば、一触即発の日々が続くことになる。

インドは今世紀中にアメリカに迫る経済大国になると見られている。既にGDPは世界第三位の域に到達した。

議会主義や、多数派宗教、多数派民族が支配し、若年層が多い年齢構成。将来的には中国を上回る発展可能性を秘めている。

モディ首相は最近権威主義的な色彩が強まっているが、三選されるとさらにヒンズー教至上主義に傾き、イスラム教徒などの少数派との軋轢が強まる怖れもある。それはインドにとって賢明な道ではない。民族、宗教両面でより寛容であれば、インドは世界に貢献できる大国になるに違いない。

ドイツ帝国の鉄血宰相ビスマルクは「隣国の隣国こそわが友邦」と言ったが、日本とインドは中国を挟んでその通りの関係で、来世紀に向かっても最も強い連帯が可能だろう。インドの専制主義化を抑えるのも友邦としてのわれわれの役割ではないか。

米、中、露、印の四大国の権威主義的指導者とどう向き合うか。日本の政治、日本の指導者はそれに優る見識と力量を求められることに留意すべきだろう。

確認するが、自由と民主主義を抑圧する権威主義、専制主義は実は政治の劣化そのものである。われわれは決してその道に進んではいけない。そうでなければ、また愚か者の競演を再現しなければならなくなる。政治の質、政治指導者の質を高めるのは待った無しの時代の要請である。既成政治が丸ごと地に堕ちた今は、全面的に体制を建て直す好機であろう。

強力な日本の首相権限

ところで、あまり知られていないことだが、日本の首相の権限は他国と比べてもきわめて強大で、その気になれば独裁政治も可能だと思われる。

それは、首相一人が重要案件についての最終的決定権を持っていれば、官僚機構にとって好都合だからである。

もちろん、首相が最大限に与えられた人事権を行使すれば、官僚機構を支配することは可能だが、だからこそ、逆に首相一人を取り込めば、官僚機構は政治の介入を阻止して全行政を牛耳ることができる。

私は何人かの首相経験者から「秘書官はスパイみたいだ」、「秘書官はガンだ」と言うような繰り言を聞いた。彼らは勤勉なので首相や首相の仕事をもちろん全力で支えるが、仕事以外の家族など私的関係にもどんどん入り込んでくる。しかし、あくまでも優先順位は本省への忠誠に続く第二位。秘書官には各省同期のエース級が配置されるが、秘書事務とともに本省のための監視役も務めることが隠れた重要な任務だ。

形式的には、各省の政策や法案は〝主務大臣〟たる各省の大臣が決めるが、大臣が拒めば、首相が人事権を発動して省の意向を通すことができる。省の重要案件では担当大臣を飛び越えて、次官や局長が直接首相に会って同調を迫ることも珍しくない。それをつなぐのが秘書官である。

要するに首相一人を捕獲しておけば、日本の政治は官僚が思うままに動かせるということになる。これは帝政時代の中国の政治と良く似ている。宦官たちは、皇帝の催しや私事を忙しくさせて、政治を自分たちの思いのままに動かそうとした。

この場合は首相は受け身になり強固な官僚支配になるが、逆に自己の決断に陶酔するような首相が周辺の言うことを蹴散らして独断専行すれば、これを押しとどめることはきわめて難しくなる。しかし、その恐れは日本の統治構造の中に組み込まれている。

さて、政治主導の行政運営を目指すとし、安倍晋三内閣は二〇一三年に「内閣人事局」を設置した。数百人の各省幹部人事を首相官邸が一元的に掌握するというのだ。

しかし、常識で考えても、首相、官房長官などの政治家が、数百人の幹部官僚の人事をすることは不可能だ。標準的な政治家は、親交のある官僚が数人もいれば良い方だ。会ったことも、聞いたこともない、知らない人の人事ができるはずがない。

結局、首相や官房長官のごく親しい少数の官僚が同僚や後輩を使って自分たちに都合のよい人事をすることになる。官邸全体が人事をめぐって疑心暗鬼となり、伏魔殿と化すのは必然だろう。人事を動かす少数の官僚が政策をも動かし官邸の司令塔になる。その反省は既に政界、官界に充満している。

官邸官僚が思いつきで首相に知恵や雑情報を吹き込めば、軽率な首相なら、国をたちまち危機に陥れかねない。コロナ禍では国民はそんな怖れを感じさせられた。

省庁再編の目的として縦割行政の弊害是正も唱えられた。しかし、省庁間で志向する政策や法律に違いが出るのは当然だし、省庁間での政策抗争も当り前のことだ。それを大省庁によって内部化するよりも省庁間の考え方の違いが外から国民に見えるほうが、より民意が反映されるではないか。大省庁の出現によって、内部の政策調整が見えなくなったマイナスは実に大きい。

再編当時の各省庁の言い分を受け入れれば、強い官庁がより強くなり、弱い官庁がより弱くなるのは無理もない。再編の大義がなく、大局からの強い指導理念が無ければ、結果が伴なわないのは当然だ。実に有害無益な改革であった。

首相の権限濫用を阻止するのも重要だが、それを将来のため、国民のために活用できる見識と力を備えた人を選ぶ仕組をつくることがより重要なことだ。そのためには首相候補や首相を選ぶ国会議員の質を高めなければならない。

しかし、残念ながら現状の政治は極めて困難な状態にある。それをはからずも「裏金問題」が露呈した。

III──中選挙区連記制の提唱

一瞬にして決まった現行制度

一九八〇年代から九〇年代にかけて日本の政治は大きな汚職事件で明け暮れた。それは政・官・業の三者の癒着から生まれるとされ、〝構造汚職〟という言葉も生まれた。

その構造汚職退治のため、方法として大きく二つのものが論議された。一つはまず贈収賄罪の刑罰を強化したり、政治資金規正法の改正によって解決することができると考える人たち。もう一つは、中選挙区制が、同一政党から立候補する複数の人の間で、有権者に向かっての果てなき〝サービス競争〟を招くとし、小選挙区制への転換を主張する人たちであった。そして、前者は改革派に対する守旧派と位置づけられたのであった。

私は党の会議でも「中選挙区連記制」を主張したが、後に船田元代議士が、「当時の小選挙区論議は〝熱病〟のようだった」と述べたように対立は次第に平常心を欠くに至った。そうなると私も会議そのものに出なくなった。

私の小選挙区制採択についての当時の意見は、次のようなものだった。

まず、二大政党制を実現すると言っても、イギリスやドイツ、アメリカなどのように、長い歴史の中で二つの大きな思想潮流、政治潮流が存在してはじめて成立するもので、選挙制度を先行させて無理矢理つくるものではない。二つの明確な潮流が生まれてからならともかく、制度が二つの潮流を分けるというのは本末転倒だ。

次に、地方分権が他の先進国並みの域に達してからでないと、国会議員が選挙区への利権と予算の運び屋のようになり、国政参画の任務が薄れると。

小選挙区制の長所もあるだろうが、その国により欠陥もある。それはどんな制度でも同じだろうが、日本の場合、この欠陥は大き過ぎる。

そして、もう一つは、「人よりも党」を重視するようになると優れた指導者が生まれにくくなるということ。〝人材〟とは、場合によっては不見識な上司や組織に立ち向かうことができる人だろう。公認権、政治資金、役職人事権を持つ党や幹部にひれ伏す人たちの中に人材がいるだろうか。

「政治改革」が選挙制度改革を意味するような短絡的な議論にはうんざりしたが、そんな喧騒の中で九三年の六月一八日、宮沢喜一内閣の不信任案が可決されて衆院は解散された。

当時の私は、米ソの冷戦が終結し、グローバル経済が始まること、バブルとその崩壊により、日本も世界も歴史の大きな転換点に立っていることを痛感して、「このままではいけない」、政治は早々に「新しい日本の進路」の設定に取り組まねばならない、と強く感じるようになっていた。

その頃、私は真剣に、宮沢首相にこう迫っていた。

「今、古い家が音を立てて崩れつつあります。どうか新しい家を建てる先頭に立って下さい」と。

宮沢首相もじっくり聴いてくれたが、ポツリとこう言った。

「僕も古い家の住人だからなあ」と。

この下りは、宮沢さんも人に話すことがあったらしい。私は、政局の動きとほぼ同時進行のように書いた『さきがけと政権交代』（東洋経済新報社、四〇―四一頁）に、こう心境を吐露している。

「宮沢さんは戦後のこの新しい家づくりの中枢に参画し、その後、常にこの家の主流にあって日々の運営に携わってきた有力な一人であった。

この家が崩壊しようとするとき、さらにそれに代わる新しい家の建設を宮沢さんの世代に依存するとは何ごとだ。それはわれわれの世代の主導において建設しなければならない。本来、自分たちがやるべきことを、またもや宮沢さんの世代に押しつけることは、許し難い甘えではないか。

その日、首相官邸の階段を降りるとき、私の決意は一段と強まり、玄関に立ったときは、もうどんなことがあっても、変わることがあり得ないほど固まってしまっていた。」

それは理由はどうあれ、宮沢首相が退陣するとき離党して新しい道を探ることであった。その時点では細川氏も武村正義氏も私とは無関係の人であった。ただ驚くことに、宮沢首相はまっ先に私の離党に気付いていたと側近の秘書氏が後に語っていた。

その後九二年の春、細川氏は雑誌『文藝春秋』で日本新党の結党宣言を行ない、夏の参院選の後に、雑誌『東洋経済』で私と対談。その後彼が用意したホテルで三時間も会談し、宮沢内閣が終わる日に離党して一緒に行動する約束をしたのである。

ちなみに、細川氏は結党宣言で「中選挙区連記制」を主張している。これも彼との同志的結合を促すものであった。

九三年の総選挙の結果は予期せぬ難解な構図をもたらした。自民党と非自民（小沢一郎氏が結集した六党会派）がいずれも過半数に達することがなく、連携した「日本新党・さきがけ」がほぼ五〇人ほどでキャスティングボートを握った。要するにわれわれが加わった方が政権に着くことになった。それはわれわれには野党になる道が鎖されたことを意味する。

私にとっては野党になって、冷戦後の新しい進路を構想しようとする道が絶たれた失望も小さくなかった。

その後は、自民側と非自民側の両方から一緒に政権をつくろうと誘われ、連日多くの取材陣に追われて逃げまわるようになった。

日本新党は細川代表、新党さきがけは武村代表、そして私は両党の院内会派「日本新党・さきがけ」の代表を務めていた。だから政権参加をどうするかは、会派代表の私の責任でもあった。そのため連日早朝、三人で場所を変えて会談を重ねていた。主題は「どちらにつくか」と「連立参加の条件」であった。特にどちらにもつきたくない私にとってはすこぶる気乗りのしない早朝会談であった。

ところが私の脳裏にある着想が浮ぶことによって事態が急変した。『さきがけと政権交代』にこう書いてある。

「たまたま、私は七月二十日の夜、断固として八時間の睡眠をとった。そして、翌朝、二本の指のどちらかにとまる他に、もう一つの道があることに気づいたのである。それは他でもない。こちらから『この指とまれ』と三本目の指を出すことだ。しかも『鬼ごっこするもの、この指とまれ』と言うように、何をするかを明確に掲げた指を出すことだ。私はこれに気がついてベッドから飛び起きたのである。

何をするための政権か。これも直ちに解決した。景気対策をはじめ懸案処理を遅らせている政治改革。今回の選挙で与野党逆転をもたらした国民意志も政治改革。これに集中的に取り組み早急に片づけるための政権。『政治改革政権』。これ以外にない。」

「このとき私はこの政権がいかなる基盤に立つことになろうと、必ず『政治改革政権』は成立すると確信した。断固とした確信であった。私は、『この道以外に行く道なし』と感じて身震いしたのである。」（九六―九七頁）

結局、その日の朝は、慎重を期して、細川、武村両氏に示さず、翌二二日、私は「政治改革政権の提唱」を両氏に示した。それでいこうという合意は一瞬であった。

私が提案した具体的な選挙制度改革案は「小選挙区、全国比例並立制」であった。総定数五〇〇で、小選挙区二五〇、全国比例二五〇の案がこれで決まった。この案は、やがてそのまま法案化され、何と一一月一八日に衆議院を通過したのである。

この政府案「小選挙区・全国比例代表並立制」は私にとってぎりぎりの妥協案であった。細川首相もそうだった。

しかし、「穏健な多党制」を目指すには、これは優れた案だと今も思っている。もし現在、選挙制度を変革するなら中選挙区連記制に次ぐのが、かつて衆議院で可決されたこの政府案だと思っている。

当時の小選挙区を柱とする自民党案は、小選挙区での落選者を、一一のブロックで救済する重複立候補で、自民党本位の選挙制度であった。しかし、この制度案が、最終的に細川・河野会談によって採択されることになった。

さて政府案の衆院通過で勢いに乗った細川首相は、当時最難題と言われたガット・ウルグアイ・ラウンド交渉に全力で取り組み、一二月に妥結に持ち込むことに成功した。

「自民党でも社会党でも難しい。細川さんだから解決できた」と宮沢前首相は私に語った。

しかし、衆院を通過した選挙制度の法案は参議院で社会党などの反対で暗礁に乗り上げてしまう。

年が明けてすぐ、私は首相に呼ばれ、「政治改革政権」を名乗って成立した政権だから、それができなければ、辞める（総辞職）か解散して信を問う必要があるという話であった。

私にそう伝えたことは、その後一〇年ほどして、細川さんは雑誌のインタビューで触れている。ところが、その意向を聞いてから半年以上、私は首相と長時間の話をしていない。

そして、一月末突然、細川首相と河野洋平自民党総裁の会談が行なわれ、一瞬にして、自民党案をほぼ丸呑みにした合意が成立したのだ。

私はそのニュースで全身が凍りつくような衝撃を受けた。こんな重大な問題が国会で何ら審議することもなく片付けられる。信じられない事態であった。

おそらく関係者は、私に意見を聞けば、必ず反対して阻止しようとすると思ったのだろう。何ら審議を尽くさなかったそのことだけでも、現行制度は正当性を著しく欠いている。自民党の現職議員が、小選挙区とブロック比例重複立候補で議席を失うことがないよう最大限配慮された、すなわち既成政治家、特に自民党政治家の既得権を温存するこの改革は、必らず政治の劣化を招くと憂慮したのだ。しかし、残念なことに三〇年を経て予想以上に政治の劣化が進んでしまった。

そして翌一月二九日、臨時国会の最終日に政治改革関連法案が成立した。私はもしも首相特別補佐の立場でなければ一人でも反対しただろう。

『さきがけと政権交代』にはこう書いてある。

「今回の新制度は、現在の国会で成立し得る最善の妥協案ということだろう。欠陥があれば、迷わずどんどん改正すれば良い」（二四一頁）

「成立し得る」という文には傍点がしてある。日本の政治のための最善の妥協案ということではなく、その時点での国会乗り切りのため、与野党の立場を配慮した最善の妥協案と言うことだ。

選挙区を三〇〇にすることや、小選挙区落選者の救済策のようなブロック比例は自民党だけを利するると当初から不評であり、予想された欠陥への評判は実施後悪くなる一方であった。

私はその時点で、実施前でも悪いところは直すべきだと主張したが大きな声にはならなかった。

「国会会議録検索システム」によると、この件についての私の国会答弁がある。

一九九六（平成八）年一月二五日の衆院本会議での中野寛成議員の質問

「最近、与党三党の有力者の間で、さきに国会が決めた新しい選挙制度を否定し、中選挙区制への復帰をほのめかす発言が相次いでおります。自民党の宮沢元総理、元社会党委員長であった土井衆議院議長、さきがけの田中代表代行が小選挙区比例代表制度に否定的な見解を述べ、久保前社会党書記長も選挙制度の見直しに積極的な発言をされるなどであります。民意に基づいて一たん決められた新しい選挙制度をただの一回も実施することなく廃案にすることは、国民に対する背信であり、政治不信を倍加させるだけでなく、国会の権威にもかかわります。

国務大臣　田中秀征君

中野議員にお答えいたします。

新しい選挙制度に対して私もいろいろな角度から意見を述べてきたことは事実でありますが、ただ私は旧制度に戻すべきだとは申し上げておりませんし、それはありえないことだと思っております。

しかし、選挙制度をよりよくするための議論や努力は常に活発になされるべきであり、これをタブー視するようなことはあってはならないとは思っております。（拍手）」

このときの本会議での拍手の大きさに私は驚いた。それほど多くの議員が、内心ではこの決着に不満を持っていたのだ。

私はこの細川・河野会談に至る裏の動きを全く知らされていなかった。年頭に細川さんに言われた総辞職か解散に向かうものとばかり信じ込んでいた。おそらく二週間ほど会わないうちに、何か方向が変わったのだろう。何があったかはっきり知ったのは二〇二三（令和五）年六月七日細川さんが国会で三〇年を経て選挙制度を議論する会に招かれての発言からである。メディアではオフレコにされたが、その陳述内容は、個人的に細川さんから私に送られてきた。内容はほとんど私が推察した通りであり、一国の将来を左右する問題の決着法としてはあまりに粗雑であった。

それまで、細川さんをはじめ、与党側は、一貫して「穏健な多党制」を一枚看板にして取り組んできた。どう考えてもこの結果は重大な変節である。「穏健な多党制」どころか必然的に「一党独裁制」をもたらすものであった。

その年は一月末になっても本予算の編成に着手されていないし、その前に補正予算を約束していた。二月はじめにはクリントン米大統領との首脳会談も予定されていた。細川さんも追い詰められていたのだろう。政権後、一〇年以上を経て、朝日新聞で「大蔵省と小沢一郎氏などが一体となって攻めてきた」という趣旨の述懐をしている。当時の大蔵省が政治日程をも主導しようとしていた。

私は必死になって自分の対応策を考えた。

まず、首相特別補佐を辞任して反対票を投じれば少なからず混乱を招くだろう。翌年度の予算も宙に浮いてしまう。

結局、その結論は、まず翌日の採決で賛成を投じる、そして首相特別補佐を辞任する、その上で、決定した新制度の不備や欠陥を突き、再改正の方向で努力するということだった。幸い、首相特別補佐を引き受けるとき、私の条件は、「政治改革関連法が成立するまで」ということだから翌々日の辞任劇も円満に行なわれた。

さて、私の発想した「小選挙区・全国区比例の並立制」は、参院で社会党などの反対で否決されたが、皮肉にも社会党はその後滅びの道を辿ることになってしまった。

その法案、特に「全国区比例」については細川さんや私の特別の期待が込められていた。

「二五〇の小選挙区」については、小選挙区論が先鋭化している中で葬るわけにはいかない。私などからは大きな妥協である。だから「穏健な多党制」をもたらすものは全国区比例である。

そこにはこんな期待が込められていた。

(1) 小選挙区では勝てないが、根強い国民的支持がある政党が一定の議席を確保できる。

(2) 原発問題、地球温暖化問題などいわゆる単一主張をする政治集団、専門家集団も一定数の議席を得られる。

(3) 小選挙区選出議員は国家の動向に加えて選出地域の利害に関心を集中するが、全国区比例では若くて優秀な将来の国家指導者を育てることができる。

(4) そして、小選挙区選を制した政党は、その時点の公約や政治的関心に沿って、(1)、(2)、(3)の政党と連立を組んで対応することができる。

一体、小選挙区制の導入は細川さんにとってはもちろん私にとっても大きな妥協であり、この政府案がぎりぎりのものであった。

後年、社会党がつぶした政府案は、穏健な多党制を目指し、少数政党を尊重するものであったと村山富市元首相に語ったとき、彼は「そうかあ、賛成しなきゃいけなかったのか」と悔んだ。

しかし、後の祭りであった。

現行衆議院選挙制度の欠陥

このところ現行小選挙区制度の見直し論が急速に高まりつつある。導入後三〇年を経て、これを高く評価する人が激減するに至っているように思う。

それは、この制度が政治・経済をはじめ、多面的な日本の劣化傾向に拍車をかけた一因と断定する人が急増しているからだろう。自民党内にも河野洋平元総裁をはじめ、この制度の良さを強調する人は少なくなった。

そして、今回の「政治と金」をめぐる実態が明らかになると、小選挙区制度が政治家の劣化の主因ともみなされるようになった。

それでは、現行小選挙区制が導入されてから、選挙、特に衆議院の選挙にもたらした劣化要因を思いつくままに挙げてみよう。

(1) 〝政党重視〟の傾向が強まって、政党に依存しない自由で見識のある新人の進出の機会が無くなった。

かつての中選挙区制は、「党より人」を選ぶ趣きの制度であったが、一党で一人の候補となった現行制度では、候補個人の人格、識見、思想などが軽視されるようになった。

(2) 党の政策や構想が前面に出てくるため、候補個人の構想力や政策立案力などは著しく低下してきた。

(3) 業界団体等の各党の支援組織は中選挙区時代には直接個人の候補を応援する場合が多かったが、今は党本部と一体となって政党本体を支援するようになっている。

このことは、個人の政治家が業界に直接提案したり意見することを困難にしている。

(4)　業界団体はほとんどが自民党の支援組織となっているが、私から見て、強固な支援組織は少なくとも六団体ある。

それは農業団体、商工団体、建設関連、遺族会、特定郵便局、三師会（医師、歯科医師、薬剤師）である。他に私立幼稚園なども強力である。孫がその幼稚園に行っていれば、祖父母まで集票活動に走り、母親は多くのママ友を運動に引っ張り出す。

自民党が途方もない政治的失敗をしない限り、どんな凡庸な人物でも落選する可能性は少ない。特別目立つことなく当選を重ねれば、やがて大臣の椅子がまわってくる。それどころか、明らかに凡庸な人でも首相の座に就く可能性もある。

要するに、党の公認さえあれば業界が総上げで支援して継続して当選できるのだ。

(5)　その上に、小選挙区の自民党候補には公明党票が上積みされる。平均的に三万票程度と私は受け取っている。

(6)　これに決定的な上積みとなるのが世襲票である。これは個人差があるが、多い人は数万の票が上積みされよう。

これでは、穏健な多党制も二大政党制も夢となり、一党支配体制が続くばかりである。一党支配が続けば続くほど政治の劣化が深まり腐敗していく。自民党支配が続けば、小政党は公明党と同じように、自民党との連立を考えるから、ますます自民党政権は継続することになる。

(7) 自民党の失敗が大きければ、二〇〇九（平成二一）年の民主党政権の誕生のように政権交代が起きる。しかし、民主党は、失敗の総括や責任追及をしなかったことが有権者を失望させた。このまま故安倍晋三元首相の「悪夢のような民主党政権」の域を出ないならとても有権者の期待は生まれないだろう。そして、自民党の長期一党体制は強い健全な野党を生むこともなかった。野党が強くならないのは、野党の怠慢以上に自民党に有利な選挙制度によると思われる。

(8) 衆議院議員にはA、B、C三つのランクが定着していると聞く。Aは小選挙区当選者、Bは比例区当選者、Cは、比例復活当選者だと言う。当選難度を基準にしているのか。これだけでもこの制度は改革を必要としている。ABCどころか金銀銅とメダルのように区分けするむきもあるらしい。同じバッチと歳費なのに発言力の違いが許されるのか。

これは表立っては不問にされていても、実態がそうであれば、早急に、こんな制度は改めるべきだ。

(9) 小選挙区制では、首相人気が突発的に高まると、いわゆるチルドレン政治家が大量に当選することがある。彼らは、「ジバン、カンバン、カバン無くして当選した」と豪語するがそうではない。党や党首の人気がそれに代わっているだけである。大半は足が地に着かない野心家に見える。

チルドレンでもてはやされてきたのは、東大、官僚、留学、イケメンの商標だが、彼らの多くが民意を知らず官僚の走狗となりがちであることを知って、今では有権者の眼も厳しくなっている。

チルドレンにも有為の人材がいるはずだが、一時的な党首の人気が、劣悪な政治家の登場を容認するのも、小選挙区制による党の力の異様な高まりによるものだろう。

⑽　官僚支配を強化してきた。

かつての与党政治家は、業界の意向を行政に反映したり、行政の意図を業界に説明、説得したりしてきた。しかし、今は、行政、党本部、業界本部で調整するから個々の政治家にそれほどの出番はない。個性的な発言力の強い政治家が政調の会合で行政を一喝することもない。これによって、官僚支配は一段と強まっている。心ある官僚はこんな政治の劣化をしきりに嘆いている。官僚に押しつけている「政策調整」の多くは本来政治の仕事である。

⑾　死票、棄権票、低投票率による民主主義の危機。

小選挙区選挙では、一対一の選挙で五一対四九で敗退することも考えられる。ほぼ半分が死票となる。全てが小選挙区選挙なら、半数近い国民が代表を持たないことになる。

そうすると、勝てると思わない限り投票に行かない棄権者が多くなり、ますます低投票率に拍車がかかる。これを容認する政治、学界、報道は今その見識と責任を強く問われている。

例えばＴＰＰ問題のように市場開放をめぐって農業団体と商工団体の間に利害の対立がある場合、支援組織の間にも政策対立が生じるので自民党政治家はどちらにも強く関与せず距離を置くようになる。支援組織に対立の生じる政策調整から政治家が逃げると結局調整が官僚に丸投げされるから、政治家の官僚に対する威信は地に堕ちることになる。

かつての政治家は、官僚の上を行く専門知識を持つこともあったが、今はもっぱら官僚から知識を得るようになった。この傾向は世襲政治家ほど強いように見える。それは父親の政治家と親しかった官僚に、息子もまた近づくからだろう。創業の父親の政策は原体験に由来するが、継承者のそれは主として行政から学んだものだ。

かねてから「政治家の世襲」についての憂慮は深まってきていた。しかし、経済の劣化をはじめ日本が多くの分野で立ち遅れるようになると、政治家の世襲への厳しさが格段に強まってきた。

橋本龍太郎首相以来、多くの首相、自民党総裁が世襲政治家である。特に首相の息子になると当然のように首相候補だと思っているようだ。

ポスト岸田の首相候補がほとんどが世襲候補であることに気付いて、有権者は世襲の是非を深刻に考えるようになった。次の総選挙は「世襲」そのものが争点になる雲行きだ。

七〇年代は、「三角大福中」の時代と言われた。三木、角栄、大平、福田、中曽根の略である。この五人は五大派閥を率いて政権に就いたが、著しい共通点がある。それは世襲政治家ではなく創業政治家であることだ。

創業政治家は独自の力で道を切り開き、多くの苦難を越えてきている。その過程で感じたこと、体験したことが政治家としての豊かな構想力の源泉となってきた。

(12)　公募による人選のからくり

最後にもう一つ。世襲候補の公認決定に際しての「公募」の手続きは有権者をうんざりさせている。世襲候補は「公募に応募して決められた」と抗弁するが、このことが自民党への不信を高めている。問題は、公認決定の基準が「当選可能性」の高さであり、親族政治家の支持基盤が何よりも、ものを言う。それに選挙区の政党支部の系列地方議員たちが決定権を持つから、公募、応募は、見せかけの手続きに過ぎない。

中選挙区連記制の提案

中選挙区連記制は首相になる前の細川護熙氏が明示した案であり、九三年合意の当事者である河野洋平元自民党総裁が現行制度に替わるものとして明言している。私も当初からこの案を主張していたし宮沢喜一元首相も〝賢明な案〟と賛同していた。

連記制とは、投票用紙に複数の名前を書く投票で、昭和二一年の戦後初の選挙で「大選挙区連記」が実施されたが翌二二年に長く実施された中選挙区制に移行した。

大選挙区連記制は、定数が一〇人までは二人連記で、一〇人を越すと三名連記となっていた。例えば私の出身県の長野県は全県一区定数一三名だったので三名連記となった。

これが一回で終わったのは、戦後最初の総選挙で初の婦人参政権もあり全国的に混乱が生まれたからだろう。戦前の国会議員が八割ほどまで公職追放となり、ほとんどの新人候補者は名前が知られていない人だったというきわめて特殊な総選挙であった。初の婦人議員が四〇人ほど選出されたのはこの選挙である。無名な人が多いので、三人目は婦人候補に投票した人が多いと言われる。

私が提案する選挙区は、五人区二名連記を標準区として三人区、四人区など例外を認めることにする。以下は五人区を念頭において論じることにする。

(1) この制度なら複数立候補の政党でも互いにサービス競争を控えるだろう。むしろ、同じ党なら互いに協力して当選を目指す可能性が高い。逆に反発し合えばそれぞれの得票が半分にもなりかねない。かつての中選挙区単記制とは全く異なる様相の選挙戦が展開されよう。

(2) 第一党に反省を迫るため与党と野党に一票ずつ投じる人も意外に多いのではないか。有権者のバランス感覚が表れる面も強い。

(3) この制度は、小選挙区制よりも容易に二大政党化の自然な流れが出現するのではないか。例えば野党第一党が二人の候補者を立てれば、一気に二大政党化が進む可能性も出てくるだろう。小選挙区制で無理矢理野党連合をつくるより、政策で一本化された野党が生まれやすくなる。

(4) 五人区となれば、党の力を借りたくない自立した有力な無所属候補の当選可能性が出てくる。党や組織の援護を拒否する新人こそ、将来の指導者要員となる。これが中選挙区連記制の最大の利点かも知れない。

(5)　五人区なら、原発専門、温暖化専門の国会議員も可能になるだろう。もしも国会に原発に精通し、原発を監視する議員が一〇人でもいたら、震災前の段階で福島原発の立地の危うさに強い警告を発することができたであろう。

(6)　さらに、この制度の特徴は世襲候補を排除していないことだ。優れた世襲候補は容易に当選できるだろう。ただ、劣悪な政治家は当選を重ねることが難しくなるので候補の新陳代謝も大きく進むはずだ。

ところで、議会の選挙制度には何千もの類型があると言われている。

議会の選挙制度が、国によって、時代によって変わるのは当然のことである。しかし、正しく民意を反映すること、その時代に必要な人材を引き上げることは常に選挙制度に共通の最優先課題である。

三〇年を経て、制度改革の大きな機会が来ている。今、着手しなければ、国がどん底までころがり落ちてしまうのではないか。間違いなく時務であろう。

次の改革では、二〇年後にまた見直す規定を盛り込むことも必要ではないか。人材が枯渇したら、必要な制度改革をためらうべきではない。

この提案は、与野党共に賛同して一気に実現する可能性がある。岸田首相には主導権を取って、直ちに進めてほしいものだ。ここでの据え置きは、この時代の恥ではないか。

Ⅳ―日本政治への論跡

二〇一九―二三年

今も生きる新党さきがけの五つの理念
争点なき参院選だからこそ、あらためて吟味してみたい各党の政治理念

（二〇一九年七月一二日）

夏が来ると思い出す「大政変」のこと

参院選たけなわである。

毎年、この季節になると、私は一九九三年の「大政変」を思い出す。ことに国政選挙が施行されるとなると、思い出はいっそう生々しくなる。

この年の六月一八日、野党が提出した宮沢喜一内閣への不信任案は、小沢一郎氏ら自民党の一部が同調して可決され、衆議院は解散された。

解散の直後、私は武村正義氏ら総勢一〇人で自民党を離党し、「新党・さきがけ」を結成した。前もって離党日を「宮沢内閣が終わる日」と決めていたのである。

この時の衆院選は戦後の日本政治史の中でも、驚嘆すべき結果をもたらした。すなわち、昭和三〇（一九五五）年に保守合同で結成されてから三八年間、政権を担当し続けた自由民主党が、初めて野党に転落したのである。このことは、「五五年体制の崩壊」として歴史に刻まれている。

その突発的な衆院選が始まると、一年前に細川護熙氏が旗揚げした日本新党、われわれ同様、解

散後に自民党を離党した小沢一郎氏らが立ち上げた新生党、そして新党さきがけの三新党が、いわゆる「新党ブーム」を巻き起こした。そして迎えた七月一八日の投開票日。自民党は過半数を割り、下野に追い込まれた。そして、この大きな政治転換によって、非自民勢力連立の細川護煕政権が誕生したのである。

振り返れば、あの時の衆院選の期間は、日本中の空がまるで異様なうなりを立てているような風情であった。歴史が大きく変わるときは、大地さえ揺るがす勢いに満ちるものだと実感したのを、今も鮮明に覚えている。それは有権者も同じで、今もなお「あの時の熱気は忘れない」と声をかけられる。

ところで、さきがけの結成に際し、われわれは五つの政治理念を掲げた。あらためて読み返してみると、今に通じる内容が含まれているように思う。今回はこの政治理念を振り返りつつ、今の政治状況について考えてみたい。

さきがけの五つの政治理念

まず五つの政治理念を示す。

「われわれの政治理念」

① 私たちは日本国憲法を尊重する。憲法がわが国の平和と繁栄に寄与してきたことを高く評価

するとともに、時代の要請に応じた見直しの努力を続け、憲法の理念の積極的な展開を図る。
②私たちは、再び侵略戦争を繰り返さない固い決意を確認し、政治的軍事的大国主義を目指すことなく、世界の平和と繁栄に貢献する。
③地球環境は深刻な危機に直面している。私たちは美しい日本列島、美しい地球を将来世代に継承するため、内外政策の展開に当たっては、より積極的な役割を果たす。
④私たちはわが国の文化と伝統の拠り所である皇室を尊重するとともに、いかなる全体主義の進出も許さず、政治の抜本的改革を重視して健全な議会政治の確立を目指す。
⑤私たちは、新しい時代に臨んで、自立と責任を時代精神に据え、社会的公正が貫かれた質の高い実のある国家、『質実国家』を目指す。

さきがけがこの五項目の政治理念を発表するや、細川氏は直ちに「百パーセント共鳴する」とのメッセージを発し、さきがけと日本新党は一体となって総選挙に臨んだのだ。

このさきがけの五つの理念は今も話題になる。今年春の統一地方選挙でも、何人もの人がこの政治理念を高く掲げて戦っていた。新党さきがけは少数政党で、しかも短期間しか存在しなかったにもかかわらず、掲げた理念は今も忘れられていない。一九九〇年代以降、多くの政党ができては消え、理念はおろか名称もおぼろげななか、注目に値すると思う。

憲法観、歴史認識、環境重視、皇室尊重

個々の理念について、もう少し深く見ていこう。

①は憲法観を述べたものだ。何も特別なことを言ってはいない。自民党の「保守本流」の憲法に対する基本姿勢と同じである。憲法の政府による解釈変更によって、集団的自衛権の行使を容認することはあり得ないことだ。

②は先の戦争に対する姿勢、歴史認識である。政治的軍事的大国主義を意図的に目指すようなことはしないと明確に宣言している。戦前の大国主義的国策を反省し、他国のいかなる大国主義・覇権主義にも反対する意思を表明している。

③では、地球環境問題が深刻化するなかで、環境政策にも重点的に取り組む決意を示した。九〇年代初めは、一九九二年に国連環境開発会議が初めて開かれるなど、地球環境問題が世界的にクローズアップされていた。「美しい環境と簡素な生活」もスローガンとなった。

④は当時もいろいろ話題になった。だが、起草した私の真意は、健全な保守勢力の結集のために必要な大枠は何かと考えた末のものであった。

政権の旗印「質実国家」

⑤で目指すとした「質実国家」は、私の造語である。これは細川氏が首相になっておこなった所

信表明演説でも使われており、政権の旗印ともなった。

昭和天皇は即位後、昭和という時代を「夫レ浮華ヲ斥ケテ質実ヲ尚ビ」と願ったが、ここで使われている「質実」と同義である。質の高い、実《じつ》のある国づくりを目指すという言うことだ。

当時わたしは、「背伸びをせず内容本意の自然体」とも説明している。細川さんは、大量生産、大量消費、大量廃棄の経済社会からの転換を切望していたが、やみくもな成長経済にかわる大まかな指針として、「質実国家」を使ったのである。

さきがけを旗揚げしたのは平成の初め。自民党の一党支配は爛熟期にあったが、新たな一歩を踏み出しきれない閉塞感が世の中に満ちていた。国際的には冷戦が終わり、米ソ二大国による支配にかわる新しい秩序を模索する時期であった。

それから四半世紀がたち、時代は平成から令和へとかわったが、国内外の閉塞感と先の見えない状況には、どこか似たものを感じる。

各党の理念を吟味しては

政治家や政党には骨太の思想性が不可欠だと思う。それがなければ、時代をひらく指導者にはなれないし、何かの間違いで指導者になったとしても、思想も判断原則も持たないなら、日々生じる数多の懸案を処理していくことは到底できない。

もちろん、さきがけの五つの理念が唯一無二のものではない。政治家の持つ思想性によって他の多様な理念があり得るのは当然だ。

争点がないといわれる今回の参院選だが、選挙戦で各政党や政治家はどんな理念を掲げているのか？　始まったばかりの令和で、どんな政治を目指そうとしているのか？　今も古びていないさきがけの理念の「物差し」を参考にその主張を子細に眺め、吟味して、投票先を決めてはどうだろうか。

福島原発事故、東電よりも罪が重い原子力行政
東電旧経営陣無罪判決を見て感じた裁判が焦点を当てきれていない論点

（二〇一九年九月二六日）

二〇一一年三月に発生した東京電力福島第一原発事故をめぐり、業務上過失致死傷罪で強制起訴されていた東電の旧経営陣三人に一九日、東京地裁がいずれも無罪とする判決を言い渡した。法廷の傍聴人からは「え〜」とか「うそ！」といったどよめきが起きたという。

この裁判で三人が同罪に問われるかどうかのポイントは、①巨大津波を具体的に予見できたか（予見可能性）②対策を講じて原発事故を避ける義務があったか（結果回避義務）——の二点だったという（朝日新聞九月二〇日付け朝刊）。私の関心もそこにあったし、他紙でもほぼ同じ論調だ。

ただ、同時に私は、事故が発生して以来、行政の責任についても強く指摘してきた。しかし、今回の報道を見る限り、そこに裁判の焦点があたった感じはしない。

問題の根源にある行政の罪

実は、事故発生の直後、私は雑誌『世界』(二〇一一年七月号)に関連する論考を発表している。本稿を書くに当たり、再読してみた。「問題の根源は〝偽装民主主義〟だ」というタイトルに、事故から一、二カ月しか経っていない頃に私が抱いていた激しい感情が表出している。

当時から私が見据えていたのは、〝原子力行政〟であった。多少長くなるが、その論考の一部を引用させていただく。

「**東電を上回る行政の罪**

三月一一日の大地震が発生してほぼ一時間後、大津波が福島第一原発を襲って一~四号機の全電源が喪失した。(中略)

関係者がこの災害を本気で避けようとすれば容易に避けることができたのだから、紛れもなく〝人災〟である。

この事故を招いた東京電力の罪は非常に重いが、指導・監督してきたはずの行政の罪はそれをはるかに上回っている。

私はかねてから、日本の統治構造の致命的な欠陥は、多くの行政分野で、チェック機能が麻痺し、機能不全に陥っていることだと警告してきた。

その結果が最悪の形で露呈したのが今回の原発事故である。

政府や関係者が事故対応に追われる中、さまざまなメディアを通じて、佐藤栄佐久前福島県知事の的を射た発言が伝えられた。

『今回の事故は東電以上に国に責任がある』

『日本には本当の民主主義がない』

挙句は、原子力行政と東京電力の癒着関係を『警察と泥棒が一緒にいるようなもの』と激しく批判した。（中略）

彼は長年にわたって、〝原子力村〟と刀折れ矢尽きるまで闘ってきた人。第一級の体験者の認識であり発言であるから重みが違う。（中略）

昔の佐藤氏は、私と同じように、原発の推進派でも反対派でもなく、言わば容認派のように見受けられた。そのことも今回彼の発言に注目した一因である。大震災後私は彼と二度会って、その体験談を詳しく聞くことができた。やはり私と問題意識は全く同じであった。」

「**心配していたことが起きてしまった**」

まだ三月であったか、原発事故後、初めて福島県郡山市のホテルのラウンジで彼に会ったとき、通りすがりの年配の女性が床にひざをついて、「先生が心配していたことが起きてしまった」と涙を浮かべて話かけてきたのが、印象深く記憶に残っている。

そのときに私が感じたのは、原発のない地域の住民にとってはどこか縁遠い原発事故であっても、福島県民にとっては必ずしもそうではないという〝事実〟だった。

引用を続けよう。

「**非科学的な認定**

今回の原発事故の人災は、単なる過失というより少なくとも刑法学で『認識ある過失』に相当する一段と悪質なものと言える。東電、関係官僚、原子力学者などを中心に構成する〝原子力村〟の組織的犯罪の色合いが強い。（中略）

私のような門外漢でも、原発の立地に際していの一番に調べなければならないのは、過去の地震、津波の大きさや被災規模、そして地震専門家の研究成果であると考えている。（中略）

三陸地方には百年くらいに一度はかなりの大津波が襲来している。古くは八六九年の貞観津波、近くは一八九六年の明治三陸津波。明治の津波は三〇メートルを超えたらしいが、平安の大津波はそれより規模が大きかったという。両地方には一九三三年にも昭和三陸津波が襲っている。（中略）

東北電力の女川原発は、今回の約一三メートルの津波に対して事故を免れた。想定津波は九・一メートルであったが、余裕を持たせて海抜一四・八メートルの高さに原発を建造したからだ。加えて建造に際しては、東電と違って貞観津波はもちろん、過去の大津波も独自に調査している。東電は、第一原発が海抜一〇メートルだから、想定津波をそれ以下の五・七メートルにしたと言われて反論できるのか。移設や改造を避けるための想定数字であった疑いが消えない。これほど非科学的な想定はないだろう。」

なれ合いの背後に「天下り」

東京電力福島原子力発電所事故調査委員会、いわゆる国会事故調が厳しく批判しているように、東電と行政のなれ合いが原発事故への対応の甘さを招いた主因であるのは疑いない。規制当局が厳しい態度でのぞめば、東電も事故の可能性についてより真剣に向き合っていたはずだ。結果は分からないものの、事故がここまで大きくはならなかっただろう。

なれ合いを生んだのは何だったのか？『世界』の論考でも指摘したように、私は霞が関の長年の慣行である「天下り」がその背後にあると考えている。

その点に触れた箇所を引用する。

「〝人災〟の核心

佐藤栄佐久氏が原発行政のチェック機能に強い不信感と危機感を持つに至った、彼が『八・二九』と呼ぶ重大事件がある。
○二年の八月二九日、原子力安全・保安院からの内部告発のファックスが届いた。そこには『福島第一原発と第二原発で、原子炉の故障やひび割れを隠すため、東電が点検記録を長年にわたってごまかしてきた』と記されていた。
驚くことに、安全・保安院はこの告発を二年前に受けていながら何の調査もせず、それどころか、その告発内容を当事者である東電に横流ししていたことが判明した。
『警察と泥棒が一緒にいるようなもの』という佐藤発言はこの一件に由来する。
まるで行政が企業の反社会的行動のために見張り役を務めていることになる。悪行を見て見ぬふりをしているだけでなく、すすんで手を貸していたのだ。（中略）
東電は一九六二年以来、ほとんど切れ目なく経産省（旧通産省）から天下りを受け入れ、六人の副社長ポストの一つは、経産省の指定席化していたという。他の電力会社を含め、役員として天下った同省ＯＢは四五人もいるらしい。（中略）
この問題は、ほとんどの行政分野に共通する『チェック機能の麻痺』がもたらした。統治構造の欠陥が言わば必然的に招いた災禍だ。」

大事故の再発は回避できない？

今回の東京地裁の判決があらためて浮き彫りにしたのは、〝法の不備〟や〝制度の不備〟である。これを乗り越えた司法判断も出せたはずだが、地裁が逆にこれを理由に「逃げた」という印象は拭えない。組織による犯罪をどうするのか。政府の責任に触れた部分もあったのだが、いかにも申し訳程度のものであった。

規制行政の独立性の確保などの課題にどう取り組むか。いずれも行政を超えた政治の重要課題に他ならない。

原発をめぐる状況についての私の印象は、三・一一後に逆に原発推進派が居直っているように見える。かつては恐る恐る戦々恐々として周囲を見渡しながら進めてきた感があったが、今は白昼公然のおもむきがある。「安全性」への関心が後退し、「経済性」の主張が「安全性」を押しのけてはいないか。

小選挙区制によって、脱原発を主張する政治家が出にくくなっているのも大きい。行政が十分な監視機能を果たせないなら、最後に政治家や政党がその役割を果たすべきなのだが、小選挙区制ではとてもそれは期待できない。

原発事故をはじめ、かつての金融不祥事、薬害エイズ問題、耐震偽装などは、産業界に対する行政のチェックが機能不全に陥っているという点で同根の問題である。政治の劣化、行政の劣化の核心部分といっていい。この部分をそのままに原発を再稼働したら、大事故が再び起きることを回避することはできないのではないか。

自民が城で公明は石垣。連立二〇年で一蓮托生に
小選挙区と自公連立で激変した自民の選挙構造。この関係を公明はどういかすか

（二〇一九年一〇月一三日）

早いもので、自民党と公明党が連立を組むようになって、この一〇月五日で二〇年を迎えたという。このことについて前日の四日、安倍晋三首相は「平成の政治、令和の政治に安定を与えた」と語り（朝日新聞一〇月六日付朝刊）、「風雪に耐えた連立政権」であり、「ビューティフルハーモニー」（日本経済新聞一〇月五日付朝刊）と自讃してみせた。

日経の調査によると、G7の国々の中でも、自公連立の安定度は突出しているという。また、自公が連立を組んだ一九九九年を境に、前後七回の衆院選で自公の与党が得た議席の割合を比較すると、二〇〇〇年衆院選以降の平均は六五％で、一九九六年衆院選以前の平均より、一二ポイントも高いという。連立の効果は確かにあるようだ。

「政治の安定」が極めて大事であるのは言うまでもない。大いに誇っていいことだ。しかし、政

治に対する評価はそれだけではない。むしろ、「何を目指し、何を実現したか」が優先されるべきだろう。では、自公連立では何が実現されたのか。あらためて見てみたい。

特殊な政治状況から生まれた自公連立

自公連立（発足時は自由党も含めた自自公連立だった）は、二〇年前の小渕恵三政権が直面していたすこぶる特殊な政治状況から生まれた。

当時、日本では大手金融機関の破綻が相次ぐなど、金融危機のまっただ中にあった。ところが、それに対応するべき国会は、一九九八年夏の参院選で自民党が大敗し、参院の過半数を割ったため、衆参の多数派が異なる「ねじれ」の状況に陥り、迅速な対応が難しかった。困った自民党はやむを得ず、公明党に協力を求めたのである。

この一時的、緊急避難的な対応が、結局のところ、その後も続いて、定着することになる。一〇年後の二〇〇九年には政権交代が実現し、民主党政権が成立したが、それから自民党に政権が戻るまでの三年間も、公明党は自民党と共に野党として〝冷や飯〟を食い、一緒に逆境を耐え忍んだ。それによって、両党の絆は一層強まった。

従来、自民党と公明党の〝体質〟は、水と油ほど違うと見られてきた。おそらく、それは今も同じに違いない。にもかかわらず、そんな異質な政党同士の連立がなぜ、二〇年も続いてきたのか。

そして、これからも続いていきそうに見えるのか。

自民党が公明党を必要とするワケ

その点は、両党のどちらが、より強く相手を必要としているかを考えれば分かる。

端的に言って、仮に連立解消などということになれば、それによる傷は、公明党より自民党のほうが格段に大きい。致命傷になると言ってもいいだろう。

それは、自民党の国政選挙、とりわけ衆議院選挙の戦略構造が年を追って大きく変化したことに由来する。

自民党の選挙（特に衆院選）の運動体は、①衆院選への小選挙区比例代表制の導入、と②公明党の連立、によって、質的に激変したのである。

まず、①によって、中選挙区時代に自民党の選挙の主軸であった個人後援会が衰弱、それにかわって党の主力支援組織（農業団体、経済団体、建設関連、特定郵便局、遺族会、医師会など三師会）が全国本部と連携し、個別候補の選対をも牛耳るようになった（この構造変化の詳細は別の機会に譲る）。

くわえて、②の結果、公明党とともに選挙を戦うこととなり、選挙の実働部隊を公明党に依存することになった。選挙における、設営、遊説、動員などに、公明党ほど手慣れた政党はない。「選挙の手足」としてボランティアで動いてくれるのは、公明党の主たる支持母体となっている創価学会員だ。

かつての自民党選挙は、地元の主婦が炊き出しをし、口紅さえつけない農家の奥さんなどが慣れない接待役をする。選挙カーに乗り込むウグイス嬢も急ごしらえ、演説会場の設営や遊説も、小中学校の同級生や地元の人たち。総じて、ふだんはネクタイを着用していないような人たちが主力であった。

前述したように自民党の主力支援組織が運動の中心を担うようになると、これまで選挙の手足となっていたこのような人たちが、どうしても外にはじき出される。そこを組織的に補充したのが、公明党、とりわけ創価学会員であった。

自民党候補を落選させる力を持つ公明党票

自公両党の選挙における役割分担は、もちろん当初から意図したものではない。二〇年の間に自然に形成されてきたものだ。

私には、このような両党の関係が、自民党が城で、公明党がそれを支える強固な石垣のように見える。自民党にとってもはや、石垣が崩れれば、自分たち城もまた崩壊してしまうほど、一蓮托生《いちれんたくしょう》の関係に至りつつあるのだ。

小選挙区での公明党票は、一区当たり二～三万票と言われている。この票は、候補者を単独で当選させる力はないが、なければ自民党候補を落選させる力は持っている。かつて私は公明党票を失えば当選できない自民党議員の概数を試算したことがあるが、少なめに見ても数十人が落選するという結論を出した。

自民党の〝暴走〟を抑止するブレーキ役を期待したが……

公明党は、これまで自民党の手が届かなかった有権者層に入っていくことができる。そして、自民党にかわって現与党の正しさ、必要性を説いてまわれるのだ。

私は自公が連立した当初から、この枠組みの中で公明党が自民党の〝暴走〟を抑止するブレーキの役割を果たすことを願ってきた。公明党がなにより最優先の旗印としてきたのは、「平和」である。この旗を使って、ともすれば暴走しがちな自民党の外交・安保政策を軌道修正する役割を果たすことに期待を寄せてきた。

しかし、現実の公明党を見ると、イラク戦争にせよ、集団的自衛権にせよ、その対応については失望を禁じ得ない。政府・自民党の方針に、アクセルを踏んでいるとは言わないが、ブレーキを踏んでいるとも感じていない。

消費税増税にあたり軽減税率は必要だったか?

一〇月一日から始まった消費税増税にあたり、軽減税率の導入に関して、公明党が真剣に努力をしたことは認めるが、それが本当に必要なことだったのか、真摯《しんし》に検討してほしい。〝簡素〟や〝明快〟も優れた税制に必要な要件であるからだ。

この夏の参院選の立候補予定者を対象にメディアと大学が実施した調査では、憲法改正について、自民党候補では賛成が九割を超えていたのに対し、公明党候補では一七％に過ぎなかった（朝日新聞七月三日付朝刊）。

今国会で憲法改正に向けて本格的な一歩を踏み出そうとしている安倍・自民党にどう対峙《たいじ》していくのか。二〇年の連立を経て、自民党と円熟した関係を築いたともいえる公明党の動向に、世論は厳しい目を向けている。

現代版「醍醐の花見」の節度なき招待者八〇〇〇人
歴代最長の安倍政権は文書の破棄に逃げず、「桜を見る会」の問題点を徹底検証すべし

（二〇一九年一一月二一日）

安倍晋三首相が主催する「桜を見る会」をめぐる騒動は、首相自らが「来年度中止」の決断をしたにもかかわらず、収まる気配が見えない。朝日新聞の世論調査によると、首相の「招待者の取り

まとめなどには関与していない」という説明には、六八％が「納得できない」と回答している（朝日新聞デジタル二〇一九年一一月一八日）。

この一件は、あの森友・加計学園問題より、もっと広く深い政権に対する不信感を、国民の間にもたらした。永田町の一部でささやかれていた衆議院の解散・総選挙も、とうてい断行できる状況ではなくなった。

政治が節度を失った？

そもそも「間違ったことをしてしまったが、これからはそんなことはしない」という首相の言い方は弁明にも反省にもなっていない。説明が二転三転することも、隠していることがあるのではないかという疑念をかきたてる。

私自身はこの問題の根底にあるのは、「政治の節度」のようなものだと思っている。要は、招待者の人数、基準、接待の内容などについて、「どこで線を引くか」という判断の問題ではないか。法律違反があればそれは論外だが、適法であっても、「非常識なこと」をしないというのが、望ましい政治判断だろう。裏を返せば、首相の判断力に直結する問題だと言える。

まるで秀吉の「醍醐の花見」

この春、四月に「桜を見る会」のニュースを見たとき、私はとっさに〝秀吉の花見〟を思い浮かべた。ときの最高権力者が、桜花爛漫のなかで多くの人たちと酒食を共にしている光景が、歴史に名高い秀吉の饗宴と重なって見えたからであろう。

秀吉の花見とは、天下人にのぼりつめた豊臣秀吉がその最晩年に、京都の醍醐寺で催した盛大な花見の宴、いわゆる「醍醐の花見」である。

調べてみると、なんと一三〇〇人の一族郎党の女性たちが集まったという。現在に続く花見の宴はここから始まったと言われるから、まさしく我が意を得たりという感じだ。華やかに着飾った芸能人が目立ったこともそんな連想を喚起したかもしれない。

突出して多い首相の地元から八〇〇人

報道によると、「政府は、招待基準の明確化、招待プロセスの透明化、予算額、招待人数の四項目を中心に、幅広く意見を集めて、会のかたちを見直す」としている（朝日新聞デジタル二〇一九年一一月一三日）。

だが、そもそも政治の節度からすれば、〝秀吉の花見〟の一〇倍を超える一万八千余人の人数は、あまりに多すぎる。そして、なによりも来年度予算に盛り込まれるはずだった五七二九万円も多すぎる。招待基準の「各界における功績、功労のあった方々」（安倍首相）というのも、あまりにあいまいな基準である。言えば、国民の大半が各界における功労者だ。

首相は一五日の会見で、招待者の増加について「私自身も反省しなければならない」と述べた。実際、首相の地元からの招待者が八〇〇人を超すというのは、突出して多すぎる。それがわれわれの税金による招待なのだから、黙視できないところだ。当初の説明から一転、招待者の選定過程に自身が関与したことを認めた首相だが、八〇〇人という数を知らなかったはずはない。明らかな〝我田引水〟である。

招待者が増えてしまう理由

実はこの種の問題は、政治家にとって格別に悩ましい。

一〇人ほどの招待なら、招待されない人たちの反発はそれほどではないが、千人、万人という人が招待されながら、自分に声がかからないとなれば、その反発はすさまじいものになるからだ。おそらく地元の山口県民は八〇〇人という数字を知らなかったはずだ。もし知っていたら、リストアップされなかった人たちの怒りは大きい。

だから、もめ事が起こらないように解決しようとすると、どうしても次の年には招待を増やす方に向かわざるを得ない。だが、それがまた反発や怒りを増幅するのでかなり厄介なのだ。

概算要求額で見る限り、来年はさらに招待客を増やすつもりだったようにみえる。さらに、その翌年になると、何万人にもなりかねない。安倍首相も今回の一件にはむしろホッとしているところもあるかもしれない。

安倍晋三後援会「夕食会」をめぐる疑惑

野党の攻撃は、「桜を見る会」の前日にニューオータニで開かれた安倍晋三後援会の「夕食会」にも向かっている。批判の焦点は一人五〇〇〇円のパーティーだ。このホテルでのパーティーにしては、あまりに安すぎるというわけだ。安倍首相側から何らかの補助があったはずだと、野党は疑っている。

とはいえ、ニューオータニは「一人五〇〇〇円」とは決していわないだろう。そんなことをいえば、結婚披露宴や各種のパーティーが殺到してしまうからだ。自分の経験からしても、この種の立食パーティーは人数をかなり少なめにしている印象だ。「通常、来場者の七割」という菅義偉官房長官の発言も首肯できる。

だから、矛先は「桜を見る会」に集中すべきである。

関連文書の破棄に逃げるな

「桜を見る会」は戦後の長い間、慣例として引き継がれてきた。その間、何ら改善されることがなかったというのも事実である。安倍政権だけ、あるいは自民党政権だけではない。民主党政権にも、また政治家だった私にも責任がないとは言えない。

しかし、一万八千人という数字はあまりに異常である。先述したように、この種の招待者は、招待する側が同じだと必然的に増える方向に向かう。そして、ある水準を超えると、本来の趣旨が失われてしまうのだ。ほんとうに桜を見たいのなら、静かに桜を愛でることができるところは無数にある。〝招待されたい〟人たちにも、少なからず責任があるのだろう。

さて、この会を改革しよう、そのために過去を検証しようとするならば、具体的な資料が必要になる。ところが、菅官房長官は、検証の基本となる招待者の名簿は、会の終了をもって遅滞なく「廃棄している」と明言した。後々問題が起きるおそれがある公文書は、ただちに廃棄するようにしているとしか思えない。

これを管理する内閣府は、昨年四月から保存期間を「一年」から「一年未満」に変えたという(朝日新聞デジタル二〇一九年一一月一五日)。「一年未満」ということは、極論すれば「一日」の保存でもよいということか。まったく意味が分からない。

振り返れば、安倍政権のもと、これまでも幾つも重要な公文書が破棄されてきた。今回こそ、安倍政権は文書の破棄に逃げることなく、「桜を見る会」の実態や問題点を徹底的に検証してもらいたい。それが、憲政史上最長の在任期間を記録した首相のつとめであろう。

中村哲医師は正しかった。衝撃の米国アフガン記録「自衛隊派遣は、当地の事情を考えると有害無益です」と断言した姿に感動した日

（二〇一九年一二月一九日）

アフガニスタンで失敗したアメリカ

一二月一四日、ＮＨＫはアフガニスタン問題に関する極めて重要なニュースを伝えた。これを追いかける新聞報道を待っていたが、本稿執筆時まで、私が知る限り、大きく扱った新聞はない。

ＮＨＫが伝えた概要はこうである。

アメリカの有力紙、ワシントンポストが、アフガニスタンでの軍事作戦や復興支援について特別監察官が政府高官から聴取した証言記録を入手して公表した。それによると、当局者の多くが作戦は失敗だったと認識していること、そして当局に不利なデータの意図的な隠蔽や改ざんが繰り返されていたことが記されているという。

今さら何を言っているのかと腹立たしい。しかし、今さらであっても、アフガニスタンをめぐる公式記録が明らかにされたことには、さすがアメリカと敬服もした。

法治国家として恥ずかしい日本

公式記録に対する日本とアメリカとの違いをあらためて痛感する。

思い起こすのは、二〇一四年七月一日の集団的自衛権の行使容認の閣議決定である。国のあり方を左右する集団的自衛権の行使容認を閣議決定によって可能にしたこと自体、大きな問題だが、その閣議決定の重要な根拠とされた内閣法制局の議論を、「記録していなかった」ですませて平気でいるというのは、法治国家として実に恥ずかしいことだ。

話を戻す。

米下院は来年の年明けから、証言記録をまとめた特別監察官を呼んで、実態の解明に着手するという。

九・一一への復讐戦だったアフガニスタン攻撃

アフガニスタンでの軍事作戦の引き金となった、いわゆる九・一一同時多発テロが起きたのは二〇〇一年九月だった。アメリカ全土に高まった〝愛国心〟を背景に、ブッシュ政権はそれから一カ月もたたない一〇月七日に、アフガニスタンへの空爆を開始した。

テロの首班はアルカイダの指導者オサマ・ビンラディンであると断定したうえで、その彼をアフガニスタンのタリバン政権がかくまっているというのが、空爆の理由だった。

ブッシュ大統領は当時、この戦争を「自衛戦争」であると言明した。ただ、アメリカの世論を考えると、実態は〝復讐戦争〟といったほうが当を得ているかもしれない。

口が滑ったのか、ブッシュ大統領は「十字軍だ」とまで言ったが、さすがにこの表現は不適切だと周囲から指摘され、撤回された。仮に十字軍だとすれば、キリスト教徒によるイスラム教徒（ムスリム）に対する全面戦争というかたちになり、ことが重大になりすぎるからだ。

とはいえ、撤回はしたものの、アフガニスタンへの軍隊派遣は「十字軍」であるという意識が、キリスト教福音派から強い支持を受ける大統領のホンネだと受け止める人が多かった。

自衛隊派遣は有害無益と断言した中村医師

アメリカから有志連合に加わり、対テロ戦に協力するよう求められた日本の外務省は大いに慌てた。当時は小泉純一郎政権。四月に圧倒的な世論の支持を受けて発足してから半年であった。

そうしたなか、一〇月一三日の衆院テロ防止特別委員会に参考人として呼ばれたNGO「ペシャワール会」の現地代表である中村哲医師が、断固とした意見を述べた。その姿をテレビのニュースで視《み》たときの感動を、私はいまも忘れない。

アフガニスタンで飢餓に苦しむ人びとを救う活動を続けていた中村医師は、日本政府で検討されていた自衛隊派遣などのアフガニスタン支援について、こう断言した。

「自衛隊派遣が取りざたされているようですが、当地の事情を考えると有害無益です」

アフガニスタンの人びとから信頼されていた日本が……

中村氏は、アメリカによる報復爆撃で痛めつけられる前に、その前年からの大干ばつや国土を侵食する砂漠化によって、四〇〇万人が飢餓状態にあることを強調。それまで地道にアフガニスタンの支援を続けてきた日本人が、いかに信頼されているかを力説した。

「〝顔の見える援助〟は、日本が直接支援物資を送ってやればよろしい。別に日本人が出かけていかなくてもいい。決してあわてなくてもいい。こういう時期こそ頭を冷やして、よく実情を見て、建設的事業を日本自らの手で組織することです」

だが、結局、日本政府は「テロ対策特別措置法」を制定（一一月二日施行）。自衛隊をインド洋上に派遣し、海上阻止行動に従事する米軍などの艦船に洋上で給油することになった。アフガニスタン人から、日本はアメリカの戦争の一翼を担っているとみなされて当然だ。当時、中村医師はこの決定をどう受け止めていたのだろうか。

中村医師の行動を忘れるな

その中村医師が一二月四日、アフガニスタン・ジャララバードで銃撃されて死亡した。衆議院は九日の本会議で、出席した議員が全員起立して弔意を表したが、なんとも虚しい感じであった。

一八年前、日本はブッシュ政権の単独行動に「待った」をかけることもできたはずだ。今回、明らかになったように、実はアメリカの良識層もアフガニスタンの軍事作戦は「間違った」戦争だったと感じていたのではないかと思うからだ。

アメリカは復興支援のなかでアフガニスタンに民主主義の制度を根付かせようとしたが、成功しなかった。イラクでも同じだが、民主主義はその国の人がつくるもので、他国につくってもらってもうまくいかない。それが、〝戦車〟で運び込まれた民主主義であれば、なおさらのことだ。

中村医師はアフガニスタンの人びとともに、砂漠を緑豊かな農地に変えることに生涯を捧げた。彼の志と行動をアフガニスタンの人びとは決して忘れないだろう。そして、われわれ日本人もこのことを忘れなければ、武力行使をいたずらに容認するような間違いは犯さなくなるであろう。

私はかねてからノーベル平和賞は中村医師のような人が受賞するべきだと思っていたが、それは不慮の災難を受けてかなわなくなった。これからは、彼の生涯をひとつのモデルとして、弁舌の人ではなく行動の人こそがノーベル賞を受賞することを願うばかりだ。

検察人事に待った！　奇怪な黒川東京高検検事長の定年延長
政権に都合のいい恣意的な人事・法解釈がまかり通るようだと国家社会は成り立たない

（二〇二〇年二月一九日）

新型コロナウイルスや新型肺炎の感染が世間の耳目を集めていた一月三一日、安倍晋三内閣は東京高検の黒川弘務検事長の任期を、特例として半年間延長することを閣議決定した。

突然の定年延長に批判の声

この奇怪な決定に対し、世論、メディアはもとより、検察の内部からも無効、あるいは違法ではないかという厳しい批判の声が上がっている。

検察庁法によると、検察トップの検事総長の定年は六五歳で、ナンバーツーの東京高検検事長以下の検察官の定年は六三歳と定められている。この閣議決定によって、本来なら二月七日の誕生日に六三歳になり、定年で退任するはずの黒川氏が、八月七日まで在任できることになった。

森雅子法相は二月三日の衆院予算委員会で野党の質問に答え、「東京高検管内で遂行している重大かつ複雑困難事件の捜査公判に対応するため」と説明したが、かつてないこの閣議決定に関する説明としては、あまりにも粗雑で説得力に欠ける。「重大かつ複雑困難事件」は常に存在しているだろう。むしろ、この答弁によって、閣議決定に込められた〝真の意図〟について、さらに不信感が強まった。

覆された人事構想

なぜ突然、このような横車が押されることになったのか？

この問題については、メディアの見解はほぼ足並みが揃っている。

現在の稲田伸夫検事総長は、八月一四日の誕生日で六五歳の定年を迎える。検事総長の任期はほぼ二年というのが慣例だ。二〇一八年七月に就任していることを考えると、今年の七月に退任するのが順当だが、黒川氏の定年を八月七日まで延ばせば、稲田氏の後任の検事総長に任命することが可能になる。

報道によると、黒川氏の定年が延長される前、庁内ではすでに新しい人事構想が示されていたという。すなわち、二月七日に退任する黒川氏の後任には、林真琴・名古屋高検検事長が横滑りし、さらにその林氏が稲田氏の後任の検事総長に就任するはずだったらしい。

退任する予定の黒川氏の送別会は二月五日に開かれる予定だったというし、名古屋高検から東京高検に移る予定の林氏の送別会はすでに終わっているという。

閣議決定の二つの問題点

この一件に関しては、大きな問題点が二つある。

ひとつは、安倍政権に都合のいい検察体制をつくろうとしているのではないかという疑念を、多くの人に抱かせたという点である。

昨年来、安倍首相自身が深く関わる「桜を見る会」問題や、秋元司衆院議員のカジノ汚職疑惑。そして、河井克行前法相・案里参院議員夫妻の公職選挙法違反疑惑などが、安倍政権を揺さぶっている。いずれも司法の判断が注目されるが、以前から政権に近いとされる黒川氏の検事総長起用を可能にする今回の閣議決定は、これらの問題や疑惑の重大さを逆に物語っているように見えてならない。

もうひとつは、法律で明確に規定されていることを、立法府に無断でそんなに簡単に閣議決定で覆すことができるのかという点である。

政府の説明によると、今回の決定は国家公務員法の定年延長の規定を根拠にしているという。しかしながら、特別法（検察庁法）の規定は、一般法（国家公務員）の規定に優先されるというのが、法の世界の常識だ。政府の説明は、いかにも説得力が乏しい。

この点についてでは、二月一〇日の国会で野党が問題提起をした。衆院予算委員会で立憲民主党の山尾志桜里議員が、一九八一年の衆院内閣委員会での国家公務員法改正案審議における政府答弁を紹介。議事録によると、同法改正案で定年や定年延長を導入することについて、人事院は「今回の法案では、別に法律で定められている者を除くことになっている」と明快に答えているのだ。

当時、すでに大学教員や検察官には定年制が実施されて、「別に法律で定められている者」に該当していた。森法相は「議事録の詳細は知らない」と答えたが、政府はおそらく、この八一年の政府答弁を知らないで、決定を強行したのであろう。担当の法相までが「詳細を知らない」としたら、誰がこの重大案件の閣議決定を主導したのか。

集団的自衛権行使容認の閣議決定を想起

今回の件では、多くの人が、二〇一三年に安倍政権が集団的自衛権の行使容認の閣議決定をしたときのことを思い起こすであろう。

ひとつは、内閣法制局長官に、外務省出身の小松一郎氏の起用を強行した一件である。従来、法制局長官は内閣法制次長が昇格するのが通例だった。法制局の勤務経験のない外務省出身の小松氏の長官就任には、氏が集団的自衛権の行使容認に前向きだったことから、首相の意向に沿った人事がおこなわれたといわれた。

さらに、法制局は行使容認の閣議決定に至る議論の記録についても、廃棄したのでも、改ざんしたのでもなく、なんと、最悪の「記録しなかった」ですませてしまった。

存在感を失った「法の番人」

内閣法制局といえば、かつては日本の統治機構のなかで、「法の番人」としての自負を持ち、政権からの独立性、中立性を維持していた。歴代の首相も、ときに法制局を強く批判はしても、最終的にはその見解に従い、格別の敬意を払って接してきた。

森法相は答弁のなかで、「内閣法制局や人事院にも相談して異論はないとの回答を得た」と述べた。だが、この説明に誰も疑義を唱えない、内閣法制局の見解が特別ニュースにもならないほど、「法の番人」は存在感を失ってしまっている。

安倍政権のもと、このところ国家統治の基幹部分が溶解しつつあるのではないかと疑わせるような事態が続いている。政権に都合のいい恣意的な人事であれ、恣意的な法解釈であれ、それがまかり通るようだと、国家社会が成り立たなくなる。

特に三権分立があいまいになりがちな議院内閣制では、政権からの強い独立性が要求される検察庁、内閣法制局、会計検査院、人事院などの存立は難しい。政権側に見識が不足している場合は、国会や世論が全力で支えて、はじめて期待される役割を果たすことができる。

軌道修正はまだ間に合う

もちろん、今回の閣議決定で今後の検察人事が決まったわけではない。森法相も国会答弁でそう匂わせている。おそらく思惑通りには進まないだろう。大胆な軌道修正もまだ間に合うはずだ。もし、このまま「黒川検事総長」が実現したら、検事長時代の判断が政権寄りであったからだという見方を強めるだけだ。もちろん世論の支持も失うであろう。検察にとっては、文字どおり歴史的試練と言えるだろう。

（二〇二〇年三月二八日）

森友学園事件で首相には〝忖度させた責任〟がある
〝文春砲〟で再燃した森友事件を世論は決して忘れていない

三月一八日、上司から決裁文書の改ざんを強要されて、自殺に追い込まれた財務省近畿財務局の赤木俊夫氏の妻が覚悟を決めて大きく一歩を踏み出した。国と佐川宣寿元財務省理財局長に対して、損害賠償請求訴訟を大阪地裁に提起したのだ。

妻によると、「元はすべて佐川氏の指示」だと言う。『週刊文春』の取材には、亡き夫、赤木俊夫さん（享年五四）の「手記」や「遺書」も公開した。

息をのんで読んだ赤木さんの手記と遺書

私は、手記や遺書が掲載された『週刊文春』（二〇二〇年三月二六日号）を、息をのんで精読した。全文から受ける印象から、故・赤木さんの言うことに虚偽はないと確信した。そして、赤木夫妻の凛《りん》とした言動に、あらためて深い敬意を抱くにいたった。

これに対し、財務省の官房長は国会答弁で、「新たな事実は見つかっていないと考えられる。再調査を行うことは考えていない」と逃げ腰の姿勢を示した。麻生太郎財務相も「関与した職員に厳正な処分を行い、私自身も閣僚給与を自主返納した」と、この件は決着済みであることを強調した。

だが、関与して処分されたはずの人たちが〝栄転〟したと報道され、世論の怒りが沸騰している。

肝心の安倍首相は、記者団から手記に関する感想を聞かれ、「財務省で事実を徹底的に明らかにした。改ざんは二度とあってはならない」とし、自らの責任についての質問には何ひとつ答えなかった。

こうした発言から伺えるのは、要するに、野党や世論が強く要求する〝再調査〟はしないで、断固として押し切るということに他ならない。

首相の発言が改ざんの原因と妻が確認

首相や財務省のこうした対応を受け、赤木夫人はさらに直筆のメッセージを公表した。それは問題の核心を突き、極めて明快である。

その冒頭で、「安倍首相は二〇一七年二月一七日の国会の発言で改ざんが始まる原因をつくりました」と断定しているのが目をひく。

その発言とは、テレビで何度となく放映されている〝あの場面〟だ。

「私や妻が関係しているということになれば、間違いなく総理大臣も国会議員も辞めるということは、はっきり申し上げておきたい。まったく関係ない」

これまでも、この首相発言が文書改ざんへの〝号砲〟のように言われてきたが、今回、改ざんに着手した当事者の妻がそれを確認したことになる。

周りに忖度させた責任

首相は三月二三日の国会答弁で、「手記の中には、私の発言がきっかけだったという記述はない」と自身の答弁の影響を否定した。確かにそのような記述はない。だが、赤木氏のすべてを知る夫人がそう語ることには、格別の重みがある。

もし、ある重要人物が「暑いな」とつぶやけば、周辺の誰かが明示的な指示がなくても、慌ててクーラーのスイッチを入れるだろう。大声で強く叫べば、なおさらのことだ。それは、暑いだろうと周りが気をきかしてクーラーを入れるのとは違う。いわゆるふつうの〝忖度〟の域を、はるかに超えているだろう。

今回の件では、安倍首相がどう言おうと、少なくとも首相には、周りに忖度させた責任がある。最小限、その結果責任を認めて陳謝しなければ、決着はしないだろう。

首相は、国会で赤木夫人に対し、「総理大臣として大変申し訳ない思いだ」と陳謝した。ただ、どこか〝第三者〟のような発言でもあった。これでは、夫人の怒りをさらに増幅するようなものだ。

新型コロナ危機を乗り越えるためにも

いま、日本では新型コロナウイルスの「パンデミック」（世界的大流行）や東京五輪の延期に、多くの人の関心が向いているだろう。とはいえ、森友事件について世論が忘れているわけでは決してない。〝再調査〟の要求もなお強く、関心は消えてはいない。

そうであれば、安倍首相はいっそ再調査要求を受け入れて、国民的信頼を回復させるべきではないか。そうなれば、新型コロナ感染に伴う未曽有の危機を、国民からの協力を得て乗り越えることができるだろう。

「まな板の上の鯉が庖丁を握っている」

一九九六年に私が経済企画庁長官をしていた頃、大蔵省（当時）は不祥事続きで大揺れに揺れていた。その頃、大蔵省は省内に「大蔵省改革チーム」をつくろうとした。

国会の委員会でそのことについての見解を質問されたとき、私は「それはまな板の上の鯉が庖丁を握るようなものだ」と述べた。鯉がまな板の上に立ち、庖丁を握っている姿の不気味さもあってか、それなりに話題になった。

日本の統治機構が抱える最大の欠陥は、チェック機能がマヒしているところにある、形だけの自己申告、自己調査のようなもので、お茶を濁してきたのが現実だ。実は、この欠陥は行政機構にとどまらない。さまざまな団体や企業、組織にも見受けられる。最終的に、第三者委員会や有識者会議といったものが設置され、形式的な議論や結論で幕引きが企てられる。

赤木夫人のメッセージの最後は、「この二人（首相と財務省・筆者注）は調査される側で、再調査しないと発言する立場ではないと思います」と結んで鋭い。首相はあくまでも再調査の第一の対象であって、まな板の上の鯉である。とすれば、鯉が自分を料理するかのごとき発言は、どう考えてもおかしい。

戦後日本の統治機構の根幹に存在してきた問題

首相が言うべきは、「この件については財務省の外に民間人による第三者機関をつくって、徹底的に解明します。私もその調査に全面的に協力し、その結果に従います」ということであろう。

赤木夫人は再調査の拒否について、「夫が生きていたら悔しくて泣いている」というメッセージも広報した。そして、「何を言われても何度も（再調査）実施を訴えたい」としている。

この問題は、佐川氏に固有の問題では断じてない。また、安倍政権固有の問題でもない。実は、戦後日本の統治構造の根幹にずっと存在している問題を、浮き彫りにしている。このまま放置されることはあり得ない。

黒川氏をめぐる検察人事の不始末で世論は政権から離反
膨れあがったツイッターへの批判的投稿。メディアの世論調査でも支持率が下落

（二〇二〇年五月二五日）

強力な〝文春砲〟が炸裂《さくれつ》して、検察庁の人事問題が丸ごと吹っ飛んでしまった。

新型コロナウイルスの感染状況に世間が注目する一方で、このところ世論の関心を集めていた検察庁法改正案問題。渦中の人物である黒川弘務・東京高検検事長が『週刊文春』のスクープを受けて五月二一日に辞職願いを提出。政府は何ら調査もせず、二二日の持ち回り閣議で辞職を承認した。

今や問題は、どうして黒川氏を罷免《ひめん》しないのか、六〇〇〇万円を超える退職金をなぜ払うのかといった、次元に移っている。賭け麻雀という〝賭博行為〟が常習化していた黒川氏を法的にどう追

及するのか。東京高検のトップをつとめ、次期検事総長にも擬された人だからといって放免するわけにはいかない。むしろ、厳しい対応を世論は求めるだろう。

二三日に毎日新聞と社会調査研究センターが実施した全国の世論調査では早速、厳しい怒りが表れた。なんと安倍晋三内閣の支持率が二七％に下落、不支持率が六四％まで跳ね上がったのである。今月六日には支持率四〇％、不支持率四五％だから、異様な落ち込みだ。

さらに二三、二四の両日おこなわれた朝日新聞の世論調査でも、内閣支持率が二九％、不支持率が五二％で、第二次安倍政権が発足して以来、最低となった。

コロナとの闘いのさなかに何をしていたのか

今回、検察庁人事問題が表沙汰になったのは一月三一日のこと。安倍晋三内閣は突然、黒川検事長の定年を半年間延長することを閣議決定した。

二月七日の誕生日に六三歳の定年を迎える黒川氏が八月七日まで半年間続投できるように、法解釈を変更してまでして〝ゴリ押し〟したのである。これについては、すでに二月一九日の論座記事「検察人事に待った！　奇怪な黒川東京高検検事長の定年延長」（本書九八頁）で厳しく批判した。

私がこの閣議決定に重大な関心を持ったのは、時が時だったからだ。

一月の閣議決定から、検察庁法改正法案の今国会での成立を期するまでほぼ四カ月。日本はコロナとの闘いのまっただ中にあった。検察庁問題が振り出しに戻ったいま、この大事な時期にいったい何をしていたのかと腹立たしくもなる。

実は閣議決定の前日の一月三〇日は、新型コロナウイルスの世界的な感染拡大を受け、対応が遅れていたWHO（世界保健機関）がようやく非常事態宣言を発出した日であった。朝のニュースでそのことが伝えられているまさにその時に、日本では政府が一検事の定年延長を決めていた。また、中国の湖北・浙江省などの一部地域からの入国を禁止したのも、その日の臨時閣議であった。

われわれ日本国民にとって、この四カ月は何であったのかと考えさせられる。政権は全く余計なことをしていたと、その時間とエネルギーとを惜しまずにはいられない。

疑惑・疑念を生んだ森雅子法相の説明

この奇妙な閣議決定について、当時、森雅子法相は「重大かつ複雑、困難な事件の捜査・公判に対応するため」と説明した。この説明が、さらに多くの疑惑や疑念を生むことになった。

多くの人が、「重大かつ複雑、困難な事件」はいわゆるモリカケ問題（森友・加計学園問題）、「桜を見る会」問題、カジノ汚職問題、そして広島の河井克行・案里議員夫妻の選挙違反問題と受け止めた。政権がこれらの問題を切り抜けるためには、黒川氏の存在が不可欠なんだろうと考えたのだ。

①コロナ感染の重大局面で、②法解釈を変更までして、③森法相が語る説明にもなっていない理

由で横車を押す。こうした流れに、当然のことながら世論は何かよくないことが進行しているとの疑いを強めた。

そこで政府は、これを正当化しようと検察庁法の改正まで断行しようとした。ここに至って、それまでそれぞれの立場で批判をしていた人たちが、一斉に立ち上がったのである。「#検察庁法改正案に抗議します」というツイッターへの投稿が瞬く間に膨れあがり、一〇〇〇万を越したという。信じがたい数字である。

民意と手を組んだ検察の良心

深刻なのは、政権の側がこうした事態を理解できなかったことだ。一二日の朝日新聞は、政府高官が「組織的な大量投稿が可能だとして」、『民意』ではないと語ったと報じている。

民意も読めない人が、なんと政権中枢を占めているのだ。常識で考えても、何十万の投稿なら組織的に可能だろうが、さすがに百万単位になると、組織の力をもっても引き出せるものでないことぐらい分かりそうなものだ。これはとてつもない数字である。

五月一五日、ついに松尾邦弘・元検事総長ら一四人の検察幹部ＯＢが前面に出た。記者会見で一連の事態について、「検察庁人事への政治権力の介入を正当化し、政権の意に沿わない動きを封じて、検察の力を削ごうとしている」と強く批判、定年延長の規定の撤回を求めたのである。

政治権力との数々のせめぎ合いによって鍛えられてきた検察の良心が、〝民意〟と手を組んだのだ。

指揮権発動よりも悪質

私が中学生だった昭和二九（一九五四）年四月、政治史に名をとどめる犬養健法相による検察への指揮権発動事件が起きた。

当時、政界を揺るがせていた「造船疑獄事件」に関連し、佐藤栄作・自由党幹事長の逮捕請求を犬養法相が無期限延長させ、検事総長に対して、強制捜査から任意捜査に切り替えるよう命じたのである。

犬養法相は翌日には大臣を辞任したが、中学生だった私も大きな関心を持つぐらい、吉田茂内閣への世論の反発は最高潮に達した。結局、同年暮れには、さしもの吉田長期政権も退陣を余儀なくされた。

考えようによっては、今回の一件はこの指揮権発動よりも悪質だ。

指揮権発動は〝検察の意向〟に政権が立ちはだかった事件だが、今回は、検察内部の人事に深く介入することにより、検察の意向を内部から変更しようという意図が感じられる。質的に、指揮権発動よりも検察の中立性や独立性を侵害する可能性が高いだろう。

検察への人事権は追認権、拒否権にとどめよ

ここで触れておきたいのは、検察幹部に対する人事権の問題だ。安倍首相は人事権が「行政」や「内閣」にあることを強調するが、政権が恣意《しい》的な人事をすれば、検察が政権の「悪政」に対抗することができなくなる。

だから、内閣の人事権といっても、追認権、あるいは拒否権と理解するのが妥当であろう。検察内部で能力や性格を見極めたうえで指導層が形成され、それを「内閣」が追認する。もちろん、明らかに適格性を欠く場合には、追認せずに拒否をして検察に再考させる。そういう受け身の人事権とわきまえたほうがよい。

三権分立といっても、立法や司法に比べて行政が肥大化、強大化する傾向にあるのが、近現代史の流れである。そうであればこそ、行政に対する特別強力なチェック機能が必要になる。換言すれば、三権分立を機能させるため、三権が互いに他の独立性を尊重することが必要なのだ。とりわけ、行政が司法、あるいは検察の独立性を尊重することは、その第一条件であろう。

今回の検察の威信失墜はかつてなく大きい。だが、それをもたらした政治の責任はさらに大きい。安倍政権は先頭にたって、自らが招いた政治不信を払拭《ふっしょく》し、信頼の回復につとめるべきである。

コロナの時代にこそ政治家は自らの哲学と構想を語れ「ポスト安倍」を担う自民党の総裁候補に求められること

（二〇二〇年七月一七日）

終戦直後の保守政治家には二つのタイプがあった。戦争が「終わってよかった」という人と、「負けて惜しい」という人だ。

程度の差はっても、日本人の誰もがその二つの気持ちがないまぜになって終戦を迎えたであろうが、どちらの気持ちが強かったかによって思想の潮流は二つに分かれる。

終戦を前向きに受け止めた石橋湛山

「終わってよかった」派には、鳩山一郎、吉田茂、石橋湛山といった、いずれも首相をつとめた政治家たちがいる。

石橋湛山は一九四五年八月一五日の昼、疎開先の秋田県の横手で、ラジオから流れる終戦の玉音放送を聴いたが、周辺の多くの人が落胆する様子に驚く。そこで、午後、横手の人たちを集めて、「前途洋々たり」という講演をした。

その夜、書斎にこもった湛山は「更正日本の将来は前途洋々たり」という論文を書き上げ、自らが主宰する雑誌「東洋経済」八月二五日号に発表する。その後も戦後日本の政治と経済の構想を九回にわたり発表して、明るい展望をひらいた。

新しい目標の設定に必死になった宮沢喜一氏

同じように、終戦を前向きに受け止めたのは、宮沢喜一元首相だ。

若き大蔵官僚であった彼は、終戦の報に接して感動し、大きな希望が湧いてきたという。そして、これからは、「平和」、「自由」、「繁栄」の三つの目標を追求する新しい国づくりが始まると確信し、日本再建の過程で、少しでも役割を果たしたいと感じたという。

宮沢氏は、戦後最大の政治の転換点は六〇年安保紛争だが、経済面における最重要の転換点は、プラザ合意（一九八五年）だと明言していた。この合意による急激な円高が、結果的に日本に巨大なバブル景気をもたらし、経済と国民生活をほんろうすることになった。

「平和、自由、繁栄はほどほどに実現したから、四つ目は〝公正〟かな」と、宮沢氏が初めて私に言ったのは、プラザ合意の後であったと思う。このまま放置して、成り行きに任せていけば、公正でない社会、格差が拡大する社会になるのではないかと、宮沢氏は危惧していたのだろう。

首相になる前、「資産倍増計画」や「生活大国構想」を世に問い、新しい目標の設定に必死になった背景には、そうした問題意識があったに違いない。しかし、当時の日本は、保守政治のおごりが構造汚職を生み、政治に対する国民の信頼は地に墜ちており、宮沢構想は容易には実現に至らなかった。

愕然とした「骨太の方針」の原案

かねてから私は、政治には政治家個人から滲《にじ》み出る哲学、思想、政策、構想が不可欠だと信じている。それがない政治は、堤防のない河川のように氾濫が常態化し、収拾がつかない。別の言い方をすれば、政治には現実と対照できる目標、構想が常に必要なのである。

こんなことをあえて書くのは、政府が出した今回の「骨太の方針」(経済財政運営と改革の基本方針)の原案を見て、愕然《がくぜん》としたからだ。

私は、優れた構想には情熱が伴っているものだと思っている。人を行動に駆り立てないような構想は、どこかに欠陥があるのである。

よかれ悪しかれ、コロナ禍は新しい時代への扉をあける鍵となるのだろう。そうした特別な時期の「骨太の方針」が、今回のような単なる予算配分の予告では、後世の人たちから笑われてもしかたがない。

首相の思いつきに左右される経済運営

経済白書が「もはや戦後ではない」として、復興経済から成長経済への進展を直言した昭和三一（一九五六）年、鳩山一郎内閣によって策定された最初の経済計画「経済自立五カ年計画」がはじまった。その後、政府は途切れることなく経済計画をつくり続け、それは小渕恵三内閣による一九九九年の「経済社会のあるべき姿と経済新生の政策方針」まで半世紀近く続く。

なかでも、昭和三五（一九六〇）年に池田勇人内閣のもとで策定された「所得倍増計画」はとりわけ有名な経済計画だが、その後も経済計画は財政政策、経済政策、社会政策に指針と展望を与えた。ところが、二〇〇〇年の省庁再編を機にこうした経済計画は廃止されてしまう。以来、日本の経済運営は、ときの首相の行き当たりばったりの思いつきに左右されることとなった。それが「吉」と出る場合もあっただろうが、「凶」と出たことのほうが多かったように思う。

今、われわれは、世界を席巻するコロナ禍が経済を変え、生活を変えることを覚悟している。それを望ましい方向に変えるためには、政治の優れた構想力が必要だ。計画性のない思いつきの政治では、この大波に立ち向かうことはできない。

政府が長期の展望・指針を示す意義

私は宮沢内閣の「生活大国五カ年計画」の策定に経済企画庁の政務次官としてかかわった。数十回に及ぶ各部会のほとんどに参加し、委員の真剣な議論に耳を傾けた。経済審議会の三〇人の委員や各部会員には、当時の見識のある経済人と学者が網羅されており、「経済大国」から「生活大国」に政策の軸を移そうとする宮沢首相の意向に沿って、深く活発な議論がかわされた。「美しい環境と簡素な生活」というキャッチフレーズは私の案が採用されたが、これは三〇年後の今日、いっそう妥当な認識となっている。

政府が英知を結集して五カ年にわたる展望や指針を示し、それがその期間の予算や政策の枠組みや指針となることの意義は大きい。経済界、学界、あるいはメディアからそれに異論が出されれば、建設的な議論が展開され、展望や指針を調整することも可能だ。政府が長期の展望を示さなければ、短期的な視野で場当たり的な政策展開が続くおそれがある。〝異次元緩和〟などは、その典型である。

経済計画は戦前、戦中の統制経済の名残だという指摘にはあたっている点もある。しかし、二一世紀に入って、こうした大きな枠組み、大きな予定表がなくなり、〝官僚作文〟である「骨太の方針」しかなくなってしまった。

経済計画が廃止されるのと軌を一にして、いわゆる新自由主義が全面展開される時機を迎えた。これに対し、われわれは経済の諸格差を是正する具体的、明示的な計画を持ち合わせていない。

時代の断絶を乗り越える大きな流れをつくるために

今この時代は、これまでとは明らかに違う。コロナ禍が加わって決定的に違う。時代に明らかな断絶が生じている。この際、すべての政治家は、自分独自の時代認識、改革構想を示すべきだ。とりわけ、「ポスト安倍」を担う自民党の総裁候補といわれるような政治家は、「これだけは譲らない」という確固たる哲学や思想、政策を明らかにするべきである。

そして、政府にはいま一度、民間の力と見識を結集して、長期計画を策定できるような体制を整えてもらいたい。自らが信じる政策や理念を追求する政治家の情熱と、そうした体制がかみ合って初めて、時代の断絶を乗り越える大きな流れが生じる。

社会党（社民党）よ、ご苦労さま　七五年の歴史を経て消滅の危機
保守政治の暴走を防ぐために政治の一角に社会党的絶対平和主義者の存在も必要だ

（二〇二〇年一一月二七日）

終戦の年（一九四五年）の秋に結党した日本社会党（一九九六年に社民党に改称）が、七五年の歴史を経ていま、消滅の危機に瀕している。

一一月一四日、臨時党大会を開いた社民党は、一部の議員や地方組織が立憲民主党に合流することを容認する議決案を可決。国会議員四人については、党首の福島瑞穂参院議員だけが党に残り、他の三人は立憲民主党に入党する見通しだ。

記憶に残る筋金入りの社会党員の姿

振り返れば、日本の戦後政党史は「保守」と「革新」の対決を軸に展開してきた。長年にわたり「革新」の側の盟主であったのが社会党であった。

社会党には、私も数多くの思い出がある。もちろん自らはマルクス主義や社会主義に身を投じたことはなかったので、あくまで部外者としての感想ではあるが……。

なかでも目に焼き付いているのは、私の地元である長野県で県議をつとめた筋金入りの社会党員の真剣な姿だ。

私が子どもだった頃、彼は県議で運動会など小中学校の行事ではいつも挨拶に立っていたが、直接知り合ったのは、私が政界に出ることが具体化されつつあった六〇年代末であった。その頃にはすでに八〇歳を過ぎており、県議は辞めて会社を経営していたが、政治への関心は失わず、とりわけエネルギー政策には重大な関心を示していた。

当時、日本では原子力発電の導入の是非について、大いに議論が交わされていた。彼は時折、自転車に乗って私の実家まで原発に関する雑誌や新聞の分厚いコピーの束を届けてくれた。そして信州弁で「これを読んでくれや」と言うと、すぐに帰っていった。

私の実家のある集落は、千曲川の支流の扇状地のようなところにあった。高齢者が自転車で来るには、かなり骨が折れる場所だ。汗をふきふき自転車をこぐうしろ姿に、深く頭を下げずにはいられなかった。

戦後長らく社会党は地方では強かったが、その中核となっていたのは労働組合員というよりも、地域に深く根ざした地方党員だったと思う。彼らは一一月一四日の臨時党大会でも、「社会民主主義」政党の存続を強く主張していたという。

〝最終決戦〟に敗れ、絵に描いた餅になった社会主義

それにしても、保守の自民党と対峙してきた革新の雄である社会党はなぜ、衰退、消滅の道を辿ったのか。一言でいうのは難しいが、やはり時代の流れを洞察できなかったこと、それゆえに時代に先手を打って対応できなかったからと言うほかない。

社会党の絶頂期は「六〇年安保」の頃と言っていいだろう。まさしくそれは、実質的には日本がその後も自由主義体制でやっていくのか、それとも社会主義体制に転換するかの〝最終決戦〟であった。

社会党はこの安保決戦で敗北し、体制転換の突破口をひらくことはできなかった。その後も社会主義への「体制転換」を綱領に掲げ続けはしたが、池田内閣のもとで急展開した高度経済成長のなか、政策的関心や活動の基軸を「政治から経済へ」へと移さざるを得なかった。

つまり、六〇年代以降の社会党は総評等の労組と歩調を合わせ、賃上げなどの経済的要求や、公害、

物価高などの生活関連要求の実現に力を尽くす。それにつれて、日本の社会主義化という政治目標は絵に描いた餅になったのである。

五五年体制の崩壊で基本姿勢の転換を迫られ……

昭和の末期から平成の初頭にかけて、社会党は村山富市、土井たか子といった優れた指導者を得た。土井委員長は「消費税反対」と「ＰＫＯ反対」の世論の先頭に立ち、一時的に社会党の党勢をよみがえらせた。一九八九年の参院選で大勝、「山が動いた」という名言を残したことは記憶に鮮やかだ。

だが実際には当時、社会主義は急速に魅力を失っていた。八九年末、ブッシュ米大統領、ゴルバチョフソ連共産党書記長の両首脳によって冷戦の終結が宣言されると、ソ連の影響下にあった東欧諸国が次々と社会主義を捨てて、自由主義への体制転換を果たした。

こうした世界の潮流の日本への影響は、一九九三（平成五）年の衆議院選に際して「五五年体制」、すなわち、自民党と社会党の二党が主導する体制を終わらせる事態となって現れる。具体的にいうと、非自民の政党・会派が連立して、細川護熙政権が樹立されたのだ。

五五年体制の崩壊という激流は、社会党に、日米安保、憲法、自衛隊、日の丸・君が代に関する基本姿勢の転換を迫ることになった。

細川連立政権のもとでの与党への参画、社会党委員長が首班となった村山富市政権の発足という政治の変動のなかで、社会党の基本政策の転換を主導し、その責任のすべてを引き受けたのはほかならぬ村山富市委員長であった。だが、実は彼にとってこの転換は決して唐突なことではなく、長年にわたる苦悩の結果であった。

日の丸・君が代をめぐる村山・久保両氏との会話

一九九四年四月に細川内閣が総辞職し、新党さきがけと社会党が非自民連立から離脱した羽田孜内閣のときだったと思う。新党さきがけの代表代行だった私のところに、村山委員長と久保亘・社会党書記長が「意見を聞きたい」と突然訪ねてきた。

何ごとかと聞いてみると、「近年社会党内で、日の丸・君が代を認めるための真剣な議論をしている」とのことだった。それについての私の意見を聞きたいという。

私は「それはありがたい話です」と歓《よろこ》び、「もし社会党がそうなれば、日の丸は一部の人のものではなく、みんなの日の丸になる」と言った。そして、以下のように言葉を継いだ。

「国旗とは、過去の輝かしい時代を思い起こすと同時に、逆に大きな失敗をしたことも思い出させるものでなくてはならないと私は思っています。社会党が認めるなら、輝かしいことだけでなく、前の戦争を反省し二度とあんなことをしないための日の丸にもなります」

二人は「いい話を聞いたな」と言ってくれた。そして、村山政権の発足後、一気に社会党の〝看板〟を塗り替えたのである。

隅のほうから大きく咳払いをする存在

かねてから私は、日本の政治の一角に、「反戦」「護憲」「非武装」を主張する絶対的平和主義者が存在するほうがいいと思っている。保守政治が暴走しようとしたら、隅のほうから大きく咳払いして、考え直させるという役回りは貴重だからである。私自身も非現実的な社会党の主張にうんざりさせられることも多かったが、耳を背けることは自重した。

宮沢喜一首相は社会党について、「もしなかったら、わざわざつくらなければならないような大事な政党だ」と言ったことがある。おそらく同じ意味合いからだったろう。

社会党の急激な衰退には、もう一つ致命的なことがあった。北朝鮮を「地上天国」ともてはやし、深い友好関係を維持してきたことだ。拉致問題などでその実態が明らかになるにつれて、社会党の信用失墜に歯止めがきかなくなった。七五年の歴史の最大の汚点だろう。

ともあれ、政権を担う与党を厳しくチェックする野党の政党があってこそ、政権政党は鍛えられるのである。社会党が日本の戦後政治においてある期間、その役目を果たしたのは確かだ。社会党（社民党）には、「長い間ごくろうさま」と言っておきたい。

〝会食政治〟はポスト・コロナで終わる?! 首相長男の接待問題は政権の致命傷

（二〇二一年三月〇三日）

「会食」が今年の「流行語大賞」になるのだろうか。コロナ禍のもと、すっかり日常的に使われるようになったこの言葉は、菅義偉首相の長男による会食接待問題でいかがわしささえ漂わせるようになった。

「七万円の和食」を提供された山田真貴子・前内閣広報官（接待当時は総務官僚）は、誰に向かって「ごちそうさま」と言ったのだろうか。これだけ高額であれば、礼を忘れるわけにはいかないだろう。

山田氏は自らの名誉のためにも、総務省、東北新社、菅家について、関係する事実をすべて明らかにすべきだ。そうでなければ生涯、「あの七万円の人」と言われることになりかねない。

霞が関・永田町にはびこる〝会食文化〟

ただ、今回の一件を契機に、霞が関や永田町にはびこる〝会食文化〟にメスを入れることができれば、日本の政治や行政に思いがけない好影響を与えるかもしれない

霞が関・永田町の会食には大きく、①政治家同士、②官僚同士（いわゆる官官接待）、それに③政治

家と官僚、④政治家や官僚と利害関係者——の四つがある。④が最も多様で犯罪にもつながりがちだが、税金を使った官官接待も、表には出にくいが質の悪さでは負けていない。

まだ、昭和の頃だが、ある代議士が私に「役人に飲ませるのに月に五〇万円はかかる」と言ったことがある。その代議士も官僚出身だったが、それがふつうの〝文化〟だったのだろうか。衆議院の委員会理事と役所の幹部との懇親会で、女将《おかみ》が「あの局長は、ひれ酒。ひれも焦げるほど焼いたのが好き」と従業員の女性に指示しているのを聞いて、びっくり仰天したこともある。私はその時、「ひれ酒」の何たるかも知らなかったが、当時の官僚がふつうに料亭に通っている常連であることを知った。

もちろん、当時と今とでは事情は大きく違うだろうが、政治も行政も劣化しているとすれば、意外と五十歩百歩かもしれない。接待を受けた総務官僚たちは、よもや本件が明らかになるとは思わなかったのだろう。

かつては政治家の間で「近く会食しよう」という誘いのことを、〝近飯《きんめし》〟と言っていた。私が政治の現場から離れてもう二五年になるから、今もそう言われているかどうかは知らない。

政治家は人と食事をするのが好きらしい。なにかと忙しい（？）にもかかわらず、一晩に何カ所も会食に付き合う人が少なくなかった。きっと政治家同士で会食していると「政治をやっている」と錯覚するのだろう。私自身は明確な用件がなければめったに会食には出ないから、政界では変人と思われていたようだ。

酒がわりにオレンジジュースを飲んだ河野一郎氏

私が〝不要不急〟の会食に応じなかったのは、なにも道義的な理由からではなかった。単に食べながら考えたり話したりすることが、苦手だったからに過ぎない。だから、今でもそれは変わらない。どんなに立派な懐石料理を用意されても、話が佳境に入り、真剣味を増すと、どんな品がでてきたのかさえさっぱり覚えていないから、高価な料理も意味がなくなる。

その昔、政界の〝実力者〟だった河野一郎氏（河野太郎行政改革担当相の祖父）と佐藤栄作氏（安倍晋三首相の大伯父）は共に下戸で、河野氏などは会食の際には、強面にはおよそ似合わないオレンジジュースを頼んでいたと言う。

実力者が下戸の場合、酒や料理の前に会談をすませる。そして、その結論が出てから手を打って、飲食を始める合図をしたとも言われる。会談が先行すると、後日、「あれは酒の上の話」として逃げるわけにはいかなくなるという〝効果〟もあったようだ。

「料亭で会談」という記事に抗議が殺到した細川首相

私が首相特別補佐をつとめた細川護熙首相は、もともと無意味な会食が嫌いで、〝料亭政治〟などを強く批判していた。ところが、首相就任後にちょっとした会食が「料亭で会談」という記事になり、首相官邸に抗議が殺到したことがあった。〝料亭〟と報道されたので、遊興と誤解されたのだろう。

ただ、会食する場所がホテルならよくて、料亭なら悪いということは、一概には言えない。あくまでも、誰と会い、何を話すかが問題だ。あえていえば、料亭の会食にもいい点がある。どこか遊びや息抜きといった印象が伴うこともあってか、秘書官などの官僚は同席をはばかるからだ。これがホテルでの会合となると、官僚も当たり前のように同席する。その結果、会談の内容が霞が関に知られることになる。

要するに、政治の世界に連綿と続く会食文化は、政治家の〝節度〟の度合いによって、良くもなり、悪くもなるものなのだ。根本的な問題は、昨今の政治の質と節度が低下していることだろう。

会食費の元は税金

さて、政治家の支出は実に種々雑多に及ぶが、その主たるものを挙げると、人件費、事務所経費、機関誌などの広報費、それに会食費だろう。そして、現在ではその多くが国からの政党交付金によって賄われている。

つまり、会食費もほとんど税金から出ているわけだ。とすれば、納税者からの厳しい監視が必要になるのは当然だろう。

政党交付金と言えば、宮沢喜一元首相が私に「税金を使って政治活動をすると言うんじゃ、政治家はおしまいだ」と強烈に皮肉ったことがある。確かに、政治の質を高めるために導入された政党交付金が、逆に政治のさらなる劣化を招いているとしたら救いがたい。「大事な政策について話す会食」と言っても、額面通り信用する人は少ないのが現状だろう。

「会食」がらみで二度つまづいた菅首相

菅義偉首相は就任以来、この「会食」がらみで二度つまづいてしまった。

一度目は、王貞治、みのもんた氏などの有名人を含めた八人の会食だ。王氏などには、実に迷惑な話だったと思う。これは自民党の二階俊博幹事長が主宰する会食であったということだが、コロナ感染拡大で政府が大人数での飲食を控えるよう呼びかけるなかでのことだから、世間の風当たりは想像以上に強かった。

首相には直接関係はないが、今回東京五輪組織委員会の会長に選出された橋本聖子氏（当時五輪担当相）の大人数での会食問題、さらに与党議員の相次ぐ〝掟《おきて》破り〟に対する世論の反発は厳しく、内閣支持率が急落する一因となった。

もうひとつは、前述した首相の長男による会食だ。いわゆる総務省幹部接待問題で、これが内閣、特に首相個人への逆風に致命的な追い打ちをかけている。

菅首相はこの一件について国会で追及を受けると、なんと「長男とは別人格」と言って居直った。この傲慢な対応が首相への批判をさらに強めてしまったのは否めない。官房長官時代にも、時に傲《ごう》慢《まん》な発言を批判された菅首相だが、同じような発言であっても、それが首相の口から発せられるとなると、ケタ違いの悪評が生まれる。

長男は、菅氏が総務大臣だった時、秘書官として起用され、その後、創業者が菅首相と同郷の秋田県出身で総務行政とも関係が深い東北新社に就職している。それだけでも単なる会食とは言えないが、そこにいわゆる〝文春砲〟の第二弾が炸裂、なんと接待時の会話の音声までもが公開されてしまった。

総務省接待問題に厳しい目を向ける世論

常識的に考えて、誰かが強引にこの会食をセットしない限り、コロナ禍のもと、開かれることはない。総務省の幹部官僚の方から、そうした会食接待を欲したり、ありがたがったりすることはあり得ない。

会食に出れば、人事で配慮してもらえるからか。それも考えにくい。ただ、これまで順調だった〝出世街道〟を邪魔される恐れは感じたかもしれない。いずれにせよ、「菅首相」という存在がなければ、あり得ない話であろう。接待する側が強引に設営した会と見るのが常識だ。

人事権を使って官僚を動かすこと自体は、いけないことではない。むしろ、政治家による有用な人事権の発動は、行政の質を高め、国民の利益に奉仕すると思う。いけないのは、私怨《しえん》や私益に基づいて、人事権を行使することだ。世論は首相の長男がからんだこの一件を、そんな目で注視していることを忘れてはならない。型通りの弁解は逆効果であり、対応を誤れば政権にとって致命傷になりかねない。

信頼回復へ首相官邸人事の一新を

安倍晋三政権以来、官邸内からの問題や不祥事が多すぎる。本来、官邸は問題を処理する場所のはずだが、逆に問題が起きる場所になり下がっている。今回の、山田広報官の辞任もそうだが、判断の内容とタイミングがいただけない。今の官邸にわれわれの運命を預けることができるように、官邸人事も一新したらどうだろう。今までは菅氏の役に立つ人材だったが、今後は国の役に立つ人材に入れ替えてほしい。

首相と官邸に対する信頼の回復。それがあってはじめて、コロナ禍を克服することができるであろう。

ワクチン外国依存の屈辱　新型コロナで露呈した日本の劣化
「世界から必要とされる国」を目指して

（二〇二一年五月二七日）

メディアの報道によると、政府がワクチンの開発や生産体制の強化のための「新戦略」を練っているという。新型コロナウイルス感染症の拡大に際し、国産ワクチン開発の遅れが露呈したことを受けたもので、新たなワクチンの開発を促進する研究開発拠点の形成や、治験環境の整備、従来の薬事承認制度の改革、さらに政府による資金支援の拡充などが盛り込まれる見通しだ。

菅義偉首相もオンラインで参加する日本政府・国際組織共催の首脳級会合「ワクチンサミット」が開かれる六月二日の前には、日本の長期戦略として閣議で決定したいという。

ワクチンの三重の「遅れ」に傷ついた自尊心

現在、我が国はコロナワクチンをめぐり、①国産ワクチン開発の遅れに対する内からの批判、②先進国を優先するワクチン調達に対する外からの批判、という二つの批判にさらされている。

「鉄は熱いうちに打て」という寸言にならうならば、ワクチンが国内外の最大の関心事になっている今こそ、将来を見据えた長期的なワクチン対策の道筋をつくる新戦略は、理にかなった対応と言えよう。

実は私もその一人だったのだが、コロナが拡大した当初、〝ワクチン〟が必要だと聞いて、それなら日本の出番だと感じた人は、意外に多いのではないか。それに関係するはずの医学・生理学の分野では、ノーベル賞の受賞者が五人（利根川進、山中伸弥、大村智、大隅良典、本庶佑の各氏）も出たのだからという、漠然とした理由からだろう。

だが実際には、日本はワクチンについて、「開発の遅れ」「調達の遅れ」「接種の遅れ」という三重の遅れに直面した。これに対して、多くの人が屈辱的だと感じたし、自尊心も深く傷ついてしまった。

「ワクチンに背を向けた」日本政府の責任

ワクチンで日本が遅れをとった一義的な責任は、もちろんコロナ禍に対応した安倍晋三政権、そして菅義偉政権にあるのだが、万が一の事態に備えを怠ってきた半世紀に及ぶ関係部門（政治、行政、業界、学界）の責任は、それ以上に重い。

北里大学特任教授で日本ワクチン学会理事の中山哲夫氏は新聞記事で次のように語っている（朝日新聞五月一二日）。

「日本が後れを取ったのは、政府が長年ワクチンを軽視してきたツケです」

「かつては政府がワクチン開発を主導していましたが、集団予防接種後の死亡や障害が社会問題化して、裁判で損害賠償を命じられた政府がワクチンに背を向けたからです」

他ならぬ、寝ても覚めてもワクチンに取り組んできた人の発言だけに、格別の重みをもって響く。

中山氏によると、米国が今回、ワクチンの開発・生産で成果を上げたのは、「一九八〇年代から新技術の基礎研究を重ねて実用化水準に達していたから」であり、そのために「研究資金や人材確保」に努めてきたのだと言う。

記事中で中山氏はあらためて「基礎研究の強化」を強調しているが、この主張は過去に何度も聞いたことがある。先述の五人のノーベル賞受賞者も、受賞時の記者会見で基礎研究の大切さを強調し、それが十分ではない日本の現状に警告を発していた。

一九八九年末に米ソの冷戦が終結、世界中でヒト、モノ、カネが国境を越えて自由に行き来するようになった。こうした状況にわれわれは十分な対応をとってきたのだろうか。農産物や食品はもちろん、野生の動物や植物に至るまでが、いつの間にか国境を越えて移動する。世界の空を飛行機が飛び交い、多くのヒトがさまざまな国に出入りする。一〇〇年前、世界で大流行したスペイン風邪の時代とは桁違いの勢いで、感染症が瞬時に地球上に広がっていく素地がつくられてきた。

そうしたなか、米国がしたたかに基礎研究に取り組んできたのと対照的に、日本政府は「ワクチンに背を向けた」まま、今回のコロナ禍を迎えた。要するに、経済社会のグローバル化が強まり、感染症のリスクが高まるなかで、日本は逆に感染症への対応能力を劣化させてしまっていたのだ。

省庁再編で地盤沈下した厚生行政

なぜ、日本はここまで劣化してしまったのか。思いつくままに医学以外の要因を列挙してみたい。

第一に、厚生行政の地盤沈下である。一九九七年の省庁再編で厚生省と労働省が併合されて厚労省になったことは、結果として両省の地盤沈下を招来した。これは他の省庁統合でも、同様に見られる傾向である。

厚生省当時の最重要案件が厚労省でも最重要案件になるとは限らない。長年蓄積されてきた貴重な知見が、なまじ大所帯になったために、隅に置かれて顧みられない可能性もある。今回のコロナ対策でも、そうした事態はなかっただろうか。

おそらく、国土交通省、総務省、内閣府といった幾つかの統合官庁には、ほとんど同じ欠陥が生じているだろう。これは、冗費節減を至上課題とした九七年の行政改革が、誰も求めてはいない粗雑な省庁再編に転化された弊害と言える。

中長期の構想・目標を示さぬ場当たり政策が横行

第二に、近年の政権が中長期の構想や目標を示さないため、場当たり政策が横行していることだ。

昭和の高度成長を実現した池田勇人内閣の「所得倍増計画」に代表される政府の数年にわたる経済計画は、一九九〇年代末の小渕恵三内閣を最後に、なんとなく策定されなくなった。

経済専門家だけでなく、各界の優れた専門家を網羅し、徹底的に議論をして練り上げた数カ年計画は、日本の各層に「展望と指針」を与える〝羅針盤〟としての役割を果たした。その中で、財政支出の中・長期の計画も策定されたので、計画の根拠も明確で、求心力も強かった。

二一世紀になり、これに代わるものとして登場したのは、いわゆる「マニフェスト」だろうか。だが、政治にこれを持ち込んだ民主党が、マニフェストに基づく政権運営に失敗したことにより、たちまち吹っ飛んでしまった。

政府の経済財政諮問会議が策定する「骨太の方針」はどうだろうか。小泉純一郎内閣では一定の存在感を持ったが、今や公開の議論もなく、何らのチェックも受けていないこの方針がどれだけの求心力を持つかはきわめて疑問だ。

アメリカ大統領のように、明確な公約を掲げて就任し、日々、政党や国民からチェックを受け続ける政治と日本の政治とは、明らかに異なる。羅針盤がないうえ、目標も不明確なら、政権が「思いつき」や「行き当たりばったり」の漂流政治に陥ってもやむを得ない。

この際、長期の経済計画、たとえば五カ年計画を復活させることも考えてはどうか。長期的な視野にたった感染症対策も、計画を策定する際に人員や予算をも議論をすればいい。ワクチンの開発や生産体制も、もちろん白熱した議題になるだろう。

関係部門の癒着を断つことが必要

劣化要因の第三は、関係部門の癒着である。

政治、行政、製薬業界、学界には、長年の行きがかりから癒着があるだろう。ひょっとすると、これが一番大きな弊害なのかもしれない。たとえば、厚労省や文科省の天下りが、業界の自由で活発な研究開発を阻害していることはないか。しっかりと目をこらし、外部から監視して不適切な人事交流があれば癒着を断つ必要がある。

仮に、厚生官僚が必要以上に製薬業界に利益が出るように忖度《そんたく》をしたり、文科官僚が補助金を振りかざして研究内容に立ち入ったりということになれば、ワクチンの「新戦略」にとっても、有害無益なことである。

「世界から必要とされる国」に

かねてから私は、日本が大国であるかどうかは別にして、「世界から必要とされる国」になることを願ってきた。

世界的にコロナによるパンデミックが生じ、ワクチンの必要性が高まってから、世界においてワクチンの開発と供給のような役割を果たすことこそ、わが国の進路として望ましいと痛感をしている。

「必要とされる国」は滅びない。この方向は安全保障の視点からも最も望ましいものだと、確信している。

岸田首相が宏池会の大先輩に学ぶこと　政治家として真価が問われる二〇二二年
同郷の池田勇人、宮沢喜一が率いた宏池会と二人が尊敬した石橋湛山の思想・政策を範に

（二〇二二年〇一月二日）

岸田文雄氏が首相になって初めての新年が開けた。昨年暮れにかけて、メディアの世論調査では内閣支持率が軒並み上昇基調（日経新聞、支持率六五％・不支持率二六％。朝日新聞、支持率四九％・不支持率二三％。毎日新聞、支持率五四％・不支持率三六％など）なこともあり、気合十分の迎春というところだろう。

支持率を上昇させた二つの理由

支持率が上昇している理由として、二つのことが挙げられよう。一つは、首相本人の性格に好感が持たれてきたことだ。

岸田氏への一般的な印象としてしばしば耳にするのは、「明るい」「さっぱりしている」「情がありそう」「意地悪そうではない」という声である。もちろん、人として好感度が高いことが、そのまま首相としての適格性につながるというものではない。しかし、好感度が高ければ、世論がその発言に抵抗なく耳を傾けてくれるから、重要な要素には違いない。その点では、立憲民主党の新しい代表になった泉健太氏も負けてはいない。

もう一つは、岸田首相の判断や発言から、「安倍離れ」を始めたように見えるからだろう。おそらく、これは岸田首相自身がさほど強く意識しているとは思えないが、安倍晋三・元首相から見れば、そう見えることが少なくない。年末に「アベノマスク」の年度中の廃棄を決めたことが、支持率のアップにつながっているのだろう。

政治家としての真価が問われる時期に

さて、内閣発足から三カ月の〝助走期間〟が終わり、年もあらたまっていよいよ、大きな転換点にある経済や外交に、首相としてどのような指導力を発揮するか、注目される時期にさしかかった。

新型コロナウイルス感染症への対応はもちろんだが、平成の三〇年間にすっかり劣化した政治や経済の立て直し、一九七二年の国交回復から五〇年を迎える中国との関係構築は、岸田首相が自ら信じる思想や政治理念が背景になければ、とうてい手が着けられないことだ。岸田氏の政治家としての真価が問われていると言っていい。

当然のことながら、その思想の大筋は、岸田氏が会長を引き継いでいる派閥・宏池会と同じ方向性を持つはずだ。本稿では、宏池会について、詳しくみていく。

自民党の保守本流を形成した宏池会

岸田首相はかねてから、最も尊敬する政治家として、同じ広島県人である池田勇人・元首相を挙げている。

自民党は一九五五（昭和三〇）年に、当時の自由党と民主党が「保守合同」して結成された。宏池会は自由党系だった池田勇人によって一九五七（昭和三二）年に創立された最古の派閥である。

後漢の学者だった馬融の「高光の樹《うてな》に休息し、以て宏池に臨む」という一文から、陽明学者の安岡正篤が「宏池会」と命名したとされるが、そんな本来の意味はともかく、「宏」は広島の「広」、「池」は池の「池」を表していると、派閥の創立当初から言われてきた。

宏池会は、当時、勢いがあった岸信介系に対抗する勢力としてつくられ、これ以後、自民党総裁を七人、首相を五人も輩出する名門派閥として継承されてきた。筆者も鈴木善幸会長、宮沢喜一会長の時代に、宏池会に所属している。ちなみに、宮沢氏も広島県人である。

自民党において、旧自由党系の「保守本流」は、大筋ではこの宏池会と旧田中角栄派（後に経世会）

によって形成されてきたのである。

宏池会の思想・政策の六つの特徴

保守本流の武闘派と言われた経世会に対し、理念型の派閥と言われてきた宏池会には、創立当初からその思想・政策にかなり明確な特徴がある。

国策の誤りを反省

第一に、先の大戦に至る日本の「国策の誤り」を指摘する歴史認識である。具体的には、我が国による侵略戦争や植民地支配に対する深い反省である。これは、自民党内の岸信介・福田赳夫系から安倍晋三氏にいたる「清和会」の流れが持つ歴史認識とは明らかに異なる。

自由の抑圧には反対

第二に、言論・表現・学問・信仰などの自由を抑圧したことが、前述の「国策の誤り」を生んだ要因だとして、言論の自由などの制約には基本的に反対する点だ。この観点からすると、日本学術会議の会員任命拒否などは、強権政治に向かうものと認識され、宏池会理念、旧自由党の理念と反することになる。

「保守本流」の源流の一角とされる石橋湛山・元首相は、自由権が将来の豊かな構想を担保するという旨の発言をしている。自由を制約すればするほど、将来に向けた構想が限定的で貧弱になってしまうという趣旨だ。

日本国憲法を尊重

第三に、旧自由党系の吉田茂政権の時に、日本国憲法（新憲法）の公布・発布を実施したこともあって、新憲法を尊重する基本姿勢を維持してきた。新憲法発布後に多くの〝公職追放解除組〟が参集した旧民主党とは、この点で大きく異なっている。

ただ、時代の変化に応じて、憲法改正論は多岐にわたるため、宏池会の内部にも、温度差があるのは事実だ。宏池会は創立当初から「かたくなな護憲」ではない。

「経済優先、軽武装」を看板に

第四に、派閥の創立当初から、「経済優先、軽武装」を看板にしてきた。実際、宮沢喜一・元首相の「軍事大国にはならない」「核兵器は持たない」といった信条は、間近で見ていても、きわめて強いものであった。

「寛容」を重視

第五に、池田勇人内閣の看板が「寛容と忍耐」だったことに象徴されるように、「寛容に重きを置いている。宮沢氏もまた、「寛容」を強く推したが、その背景には「相手の価値観」に敬意を払うという自由主義・民主主義の基本姿勢があった。これも今に続く特徴であろう。

国家の独立性に強い関心

第六に、いわゆる革新やリベラルとは、国家の独立性について強い関心を持っているという点で、はっきりと一線を引いている。

宏池会の創立時から池田氏の傍らで理論形成に携わってきた宮沢氏は、「独立の気概無き者、国を想うこと深切ならず」という福沢諭吉の言葉を、いつも念頭に置いていた。だから、氏のことをナショナリストと言う人も少なからずいた。他国に足を踏み入れることはしないが、自国に他国が足を踏み入れることは断じて許さないということだ。リベラリストと言われる前にナショナリストであることが、宏池会の神髄なのだろう。

石橋湛山と宏池会の思想・政策を範として

ところで、池田勇人氏は一九四六（昭和二一）年、石橋湛山大蔵大臣によって、大蔵事務次官に大抜擢された。その後、石橋蔵相は理不尽な公職追放にあうのだが、追放解除後、池田氏は石橋氏を自民党第二代総裁に、そして首相にするために大いに働いた。

残念ながら石橋氏は、首相就任後わずか二カ月で病気のため退陣のやむなきに至るが、その年、池田氏は失意の中で宏池会を立ち上げたのだった。

宮沢氏は終戦直後、二〇代の若さで石橋蔵相の秘書兼通訳として、GHQ（連合国最高司令官総司令部）との会談に随行している。そして、著書で、最も評価している政治家として、石橋湛山の名を挙げている。

岸田首相には、同じ郷土・広島の二人の元首相が最も尊敬した石橋湛山・元首相、そして二人が率いた宏池会の思想・政策を範として、経済や外交が転換点にあるこの困難な時代に真っ向から立ち向かってほしい。

安倍元首相への歴史の審判は？　大隈重信・板垣退助の葬儀とその歴史的評価 政治家の真の評価は「さりげなく」、「いつか静かに下される」

（二〇二二年一〇月〇四日）

私の愛読書の中に、故岡義武東大教授の『近代日本の政治家』がある。学生の頃から長い間、手の届くところに置いてある本が数冊あるが、本書はその一冊である。

私はこの本を数え切れないほど読んだし、大学で授業をした際には何度も教材として使った。

安倍元首相の国葬で開いた座右の書

本書は、伊藤博文、大隈重信、原敬、西園寺公望、犬養毅の五人の小伝のようなもの。いずれも、近代日本の政治史に大きな足跡を残した人たちである。

著者の岡教授は本書について、「政治家たちの性格に焦点を置きつつ、その当面した政治状況における彼らの行動・役割・運命を跡づけたいと考えた」と、執筆の動機を語っている。その言葉どおり、実に興味深く彼らの魅力的な個性を浮き彫りにしている。

今回の安倍晋三元首相の「国葬」に際して、私は久しぶりに本書を開いた。本の中で大隈重信と板垣退助の対照的な葬儀の模様が描かれていたことを思い出したからだ。

その岡教授の他の著作から、国葬で友人代表として弔辞を読んだ菅義偉前首相が、山縣有朋の言葉を引用した。菅氏は、山縣が奇兵隊以来の同志であった伊藤博文の死に対する痛切な想いを自らの心境に重ね、参会者だけでなく多くの人に感銘を与えた。私もこの弔辞に強く惹《ひ》かれた者のひとりである。

盛大な葬儀と感動的な葬儀

さて、先述した大隈重信の葬儀は、大正一一（一九二二）年一月に国葬ではなく〝国民葬〟として挙行されたが、その盛大さは今もって語り草になっている。

正午から午後三時過ぎまでに拝礼に訪れた人は実に三〇万人に達し、埋葬の際には、なんと一五〇万人もの人びとが帝都・東京の沿道に立って、棺《ひつぎ》を見送ったという。

しかし、この葬儀の様子について書く岡教授の深甚な敬意は、必ずしも大隈には向かっていない。

その二年半前の大正八（一九一九）年に先だった大隈のかつての同志である板垣退助のひっそりとした、しかし感動的な葬儀の叙述にこそ筆が躍っている。

周知のように、大隈と板垣は〝特別な関係〟にあった。二人は維新政府で共に参議を務め、近代国家日本建設の立役者となり、明治三一（一八九八）年には、日本初の政党内閣（自由党・進歩党が合同した憲政党が中心となって組閣）を樹立。この第一次大隈内閣は、大隈が首相・外相、板垣が内相を務めたので、「隈板内閣」と言われた。

いくら寒い日でも夕日はやはり輝くのである

しかし、生涯にわたり、〝大劇場〟で主役を演じた感のある大隈と比べると、板垣の生涯はそれとは対照的だった。とりわけ老後は「貧困と寂寥」（岡教授）の中にあり、世間から忘れられつつあったと言ってもよい。だが板垣は、そんな境遇にあってもなお、「盲人の教育」や「女囚乳児の保育」などの社会活動に、心血を注ぎ続けた。

「国葬」にするか「国民葬」にするかで、議論が沸騰した大隈の死去と違い、板垣の死は新聞で小さく伝えられただけだったという。今でいう「ベタ記事」扱いだろうか。世間の注目度はきわめて低かった。

それでも、板垣の死を知って葬儀に駆けつけた参会者は、三〇〇〇人に達したという。

この自然発生的で真心のこもった板垣の葬儀について、岡教授は実に深い感慨を示す文章を残した。

「いくら寒い日でも夕陽はやはり輝くのである。」

この短い一文が、本書を長い間、私の手元にとどめたのだと思っている。

岡教授はこの章の最後に、「歴史はこの二人の政治家をそれぞれあるべき地位に置こうとしつつあるように見える」と記し、「およそ歴史の審判というものは、このようにさりげなく又いつか静かに下されるものなのであろうか」と結んでいる。

板垣の葬儀は、国葬でも国民葬でもない。世話になった五人の盲人総代が通夜を営み、恩顧を受けた力士たちが棺を担いだ、いわば「庶民葬」であった。儀仗兵一個小隊に護《まも》られ、弔旗が掲げられた街の中を走った大隈の霊柩車とは、雲泥の差であった。

「歴史の審判」の絶妙

とはいえ、岡教授が言うように「歴史の審判」は絶妙で、「それぞれあるべき地位に置こう」として、その歴史的評価を是正してきた。

他界した時点では、「すでに一般の世人から忘れられた存在になっていた」（本書）板垣は戦後、自分の肖像が一〇〇円札紙幣に刷られていた（昭和二八年から昭和四九年まで発行）と知ったら、腰を抜かして驚いただろう。

なにより、板垣は伊藤博文、大隈とともに、「憲政の三巨頭」として国会内に立像が据えられるに至った。かくして歴史の審判はさりげなく、板垣がこの国に残した功績が、伊藤や大隈に劣らないことを、明確にしたのである。

「自由」の守護神として

板垣退助といえば、自由党党首だった明治一五(一八八二)年に岐阜で暴漢に襲われた。その暗殺未遂事件の際に叫んだという「板垣死すとも自由は死せず」という言葉は広く知られている。

先年の日本学術会議の会員任命拒否問題など、言論の自由が封殺されるような危険が生じると、多くの人が板垣のこの言葉を思い出す。板垣はこれからも、「自由」の守護神として、権力の恣意的行使の前に立ちはだかるに違いない。

余談ながら、数年前、板垣の百回忌にあたり、子孫が位牌を新調する際、当時の安倍晋三首相に揮毫を依頼した。安倍首相はこれに快く応じ、「自由は死せず」の言葉を毛筆でしたためている。

内閣支持率に〝国葬効果〟なし

ところで、かねてから私は「大喪の礼」と「大喪儀」があれば、「国葬」は必要ないという意見に共鳴している。

第二次世界大戦時のイギリスのチャーチル首相のような「救国の英雄」であれば別だが、そんな政治家は何世紀に一人ぐらいしかいないだろう。もっと言えば、そんな政治家の出現を待望する風潮自体、実は危険なことである。

今回の安倍元首相の国葬のように、首相が独断で法的根拠も軽視をして決めたことについて、岸田文雄首相は深刻に反省するべきだろう。

国葬が成功すれば、内閣支持率は持ち直すという期待があったかもしれない。しかし、直後（一〇月一、二日）の朝日、読売二紙の世論調査を見る限り、〝国葬効果〟は見られない。

朝日では支持率四〇％（前月四一％）で不支持率五〇％（同四七％）、読売では支持率四五％（同五〇％）、不支持率四六％（同四一％）となっている。これは、世界平和統一家庭連合（旧統一教会）問題への甘い対応と独善的な国葬強行がもたらしたものではないか。民意の強さを甘く見てはいけない。

安倍元首相の事績の厳正な検証を

歴史上の大隈と板垣の例を見るまでもなく、政治家の真の評価は、一定の期間をおいた後になされるべきであろう。まずは、その政治家の事績を徹底的に検証し、多方面から客観的に研究をした後に、おのずと定まってくるものではないか。

安倍元首相についても、アベノミクスであれ、地球儀を俯瞰《ふかん》する外交であれ、その成果の厳正な検証は、これから着手をすることだ。

政治家・安倍晋三に対して、「さりげなく」、「いつか静かに下される」歴史の審判がどのようなものになるか、目をこらして見ていきたい。

「反撃能力」の保持に条件あり！　防衛費増はまず行革から専守防衛の範囲内である反撃能力への国内外の理解を深めるために必要なこと

（二〇二二年一二月一五日）


政府が「国家安全保障戦略（NSS）」など安全保障関連三文書の年内改訂を目指して突き進んでいる。なかでも、敵のミサイル拠点などに攻撃を加える「敵基地攻撃能力（反撃能力）」保有のNSSへの明記が注目を集めている。

自民党の会議に出された政府案によると、この能力は、「我が国への侵攻を抑止する上で鍵となる」もので、「相手の領域において、我が国が有効な反撃を加えることを可能とする、スタンド・オフ防衛能力等を活用した自衛隊の能力」と説明されている。スタンド・オフ防衛能力とは遠方から敵

を攻撃する能力のことで、長射程のミサイルが念頭に置かれているという。（朝日新聞一二月一四日朝刊）

「反撃能力」は専守防衛の範囲内

岸田文雄政権は、自民・公明両党の合意を経て、一二月一六日に三文書改訂の閣議決定に持ち込む予定と言われるが、内外、とりわけ諸外国に誤解を与えないためにも、「敵基地攻撃能力」ではなく、「反撃能力」としたほうがいい。

なぜなら、「敵基地攻撃能力」という表現では、明示的にも先制攻撃を排除していないので、誤解を生むおそれがあるからだ。もちろん、誤解されないために、「武力行使の三要件に基づき、必要最小限度の自衛の措置」と念を押してはいるが、「敵基地攻撃能力」という言葉が独り歩きするのは危険だ。

これに対し、「反撃能力」との表現は、明確に相手の先制攻撃を前提にしているので、専守防衛の範囲を逸脱していない。

問題は、相手国の日本に対する弾道ミサイルなどの攻撃のどの段階で反撃するのかということだろう。それが「日本に向けたものか」、「発射のどの段階であるか」の判別は難度が高いものと思われる。専門家による正確で厳密な理論構築が必要である。

安保環境の激変で求められる新たな戦略対応

今や、無人の飛行体が、秘かに迅速に正確にかつ大量に、相手国の標的を襲って破壊することができる時代である。一国の安全保障環境がこれほどまでに一変している現状が、われわれに新たな戦略対応を求めているのは当然だ。

くわえて、世界を見渡せば、大国の指導者までもが、質的に劣化、悪化の一途をたどるような嘆かわしい流れが強まっているようにも見える。新しい安保政策が必要であることは論を俟《ま》たない。

これまで、日本の安全保障は、アメリカの矛《ほこ》と日本の盾《たて》によって、守られていると言われてきた。しかし、かねてから私は、専守防衛とは、自らが矛を持つことを含むと理解してきた。アメリカへの過剰な依存は、わが国の独立性を損なうと思ってきたからだ。

ただ、留意するべきは、反撃能力として矛を持つことを明示するために、われわれが備えるべき「さまざまな前提条件」があるということである。以下、具体的に論じたい。

歴史認識をあらためて明確に

前提条件の第一は、先の大戦についてのわが国の歴史認識を、あらためて明確にすることだ。そこが曖昧《あいまい》のままで、戦前の日本の国策を正しいとしていると見られれば、今回のロシアによるウクライナ侵攻についても、あるいは心配される中国の台湾侵攻についても、日本が強く反対することが、奇異に映るだろう。

この点については、一九九五年の村山富市首相、二〇〇五年の小泉純一郎首相、二〇一五年の安倍晋三首相の三回に及ぶ「首相談話」によって明らかにしてきた。三回ともほぼ同じ談話を発しなければならなかったところに、戦前の日本に対する国際社会の厳しい視線がうかがえる。

この三回の首相談話は、日本が**侵略戦争**と**植民地支配**の事実を認め、それを**反省し**、相手国に**お詫び**しているという太字の四点で共通している。これらの歴史認識を明確にすれば、日本が他国から先制攻撃を受けて反撃することに、国際社会から強い支持と理解が得られるであろう。

外交力を高めるために必要なこと

前提条件の第二は、当然のことながら、武力衝突を回避するために、最大限の外交努力をしなければならないということだ。その場合、反撃能力を保持することは、有効な抑止力として働く。丸腰で覇権主義国に向き合っても平和を得ることはできまい。反撃能力の保有が外交的解決を可能にする場合が多い。

ギリギリの外交交渉においては、それにあたる政治家や外交官の力量、資質、見識、人柄が決め手になる場合が多い。愚かな外交が人類を破滅的な状況に導くことは、第二次世界大戦への経過が鮮明に示している。

周辺事態が緊迫の度合いを強める前に、平時から同盟国、友好国、国連との協調関係を強め、外交力を強化しておく必要がある。最大限の外交努力があってこそ、反撃は正当化されるのである。

第二次大戦は、イギリス、フランス両国の首相と国会がヒトラーのドイツを見誤り、「平和を求めるあまり戦争を招いた」とも言える。それほどまでに、政治的指導者の判断は平和と戦争の岐路に立つとき決定的なのである。その観点から、近年、政治の劣化が深刻なわが国において、政治に新しい優れた人材を配することが焦眉の急を告げていると言えよう。

効果的な文民統制を議論する場を

前提条件の第三は、文民統制、いわゆるシビリアン・コントロールを強化することである。

二〇一五年の安全保障関連法案の採決にあたり、当時の少数政党が集団的自衛権行使についての国会の事前承認を必要とする付帯決議を提案して採択された。同時に、それを尊重する旨の閣議決定もおこなわれた。とはいえ、これはあくまでも決議であり、内閣を拘束するものではない。

この件について、民間人、報道関係者を含めて協議会をつくり、効果的な文民統制についての議論を深め、世論の理解を得るようにしなくてはならない。

不幸にして、反撃能力を行使する事態に至った場合、それへの国民からの理解と協力が得られなければ、有効なものにはならない。民意の援護を受けるような態勢を築いていくのは、他ならぬ政治の役割である。

防衛費の調達とともに行政改革が不可欠

さて、安保関連三文書の改定案に、反撃能力の具体的手段として、巡航ミサイル「トマホーク」の導入が明記された。これを含む防衛力整備計画によると、二〇二七年までの五年間で防衛費は「四三兆円程度」と巨額に達するが、これをまかなう財源についての議論がかまびすしくなっている。

増税するのか、国債をあてるのか、はたまた自然増収に依るのか、政治の場では激しい論争が展開されている。自然増収はあてにできないので、増税派と国債派の対立が日ごとに強まっている。

増税案として、法人税、所得税、たばこ税の三税の増税分をあてる案が出ており、東日本大震災の復興財源の「復興特別所得税」の仕組みを転用するという〝禁じ手〟のような案も検討されている。増税をめぐっては、このところ財務省の影が見え隠れしている。

ここで強調したいのは、新しい安保政策や、そのための財政支出に対する国民からの理解を深めるためにも、国債、増税に頼る前に、行政の冗費を大胆に削減する行政改革に着手するのが本筋だということである。

風呂にお湯を足せという前に、風呂桶にあいた穴を修理するべきだ。

かつて、民主党政権は「九・一兆円の冗費を削る」と宣言したが、それを成し遂げることはできなかった。無用な補助金、外部団体の整理によって、少なくとも四三兆円の二割はまかなってほしいものだ。

それを断行することができれば、国民は政府を信頼し、増税や国債発行にも理解を示すはずである。なによりも、それによって、日本の新たな安全保障政策に対する国民的な理解と協力が得られるであろう。

岸田首相は「聞く力」より「応える力」を！　施政方針演説を聞いて 維新や終戦といった転換点にも匹敵する歴史の転換点に必要な政治とは

（二〇二三年〇一月二七日）

内閣官房長官や副総理をつとめ、切れ味の鋭さから〝カミソリ〟と言われた後藤田正晴氏は、その一方で〝政界の良心〟とも言われた。氏ならではの歴史に残る名言があるが、私も直接聞いた「世論」に関する言葉も実に含蓄に富んでいる。

「日本人は、個人として見るとさまざまな意見を持っているが、マスとしての日本人、すなわち世論は、健全で力強く、正鵠を射ていることが多い」

この言に従えば、新聞やテレビなどのメディアが毎月発表する世論調査の結果は、「健全で力強く、正鵠を射ている」ということになるであろう。

感動とは無縁の官僚口調の施政方針演説

政権が重要な事実を隠したり、正しくない情報を流したりした場合には、世論調査で測られる内閣支持率も実態を反映しないものになるが、そうでなければ、調査主体によって数字に差があったとしても、そこに表れる傾向は信頼できるものと言える。実際、このところメディア各社が実施した世論調査は、岸田内閣の支持率についてほぼ同様の傾向を示している。

具体的には、各社とも支持率、不支持率は前月と比べて微増、微減で、際立った動きは見られない。ただし、これはいずれも通常国会開会前の調査であり、通常国会での政権と野党との論戦や首相の施政方針演説への評価は反映していない。演説後の調査だと支持率はどうなっていただろうか。

二三日に衆参本会議で行われたその施政方針演説だが、残念ながら期待に応えたものにはならなかった。首相がまるで財務省と外務省の肩車に乗っているかのような官僚口調の演説であり、心に突き刺さるような感動とはおよそ無縁だった。

「行政改革」という言葉はなし

私は以前「論座」に書いた「『反撃能力』の保持に条件あり！　防衛費増はまず行革から」（本書

一五〇頁）で、防衛費増額の財源を増税や国債に求める前に、「行政改革」によって一定の財源を確保するべきだと主張した。政権はその成果の多寡によって、本気度を国民に示すべきである。

岸田首相も、増税批判にさらされた後に、行政改革に言及したこともある。しかし、本会議での演説では歳出改革や行財政改革への努力に触れただけで、行政改革という言葉は消えていた。

行政改革と言えば、かつて私には苦い思い出がある。村山富市政権で経済企画庁長官だった平成八（一九九六）年のこと。通常国会冒頭でおこなう経済演説で、「行政改革と財政改革の必要性」を強調するつもりだったのに、私が書いた演説草案が大蔵省（当時）など関係省庁を回ったら、「行財政改革」に変わっていた。理由を問うと、「長いから、二つの改革をまとめた言葉にしました」と言う。

だが、この二つの言葉はまとめてはいけない。財政改革は、主として納税者に痛みが帰属するが、行政改革は、行政機関や官僚に痛みが集中する。改革の方向が大きく異なるのだ。二つの改革を「まとめた」ことには、単に「長いから」ではない理由があったのである。もちろん私はこの二つを切り離して演説した。

ともすると、聞き流してしまう演説の中にも、こうした「重要なこと」が隠されている場合があることを、承知していてほしい。

さて、今回の演説で注意を要するのは、「新しい資本主義」に関する長広舌だ。専門用語を羅列した項目が並ぶが、これをもって国民と約束をしたわけではない。「決断」の手続きを軽視しているところに支持率低迷の一因があることを、くれぐれも忘れないでもらいたい。

「管理者として生まれてきた」という錯覚

昭和三一（一九五六）年、石橋湛山内閣で官房長官であった石田博英氏は、昭和四〇年代に「自民党は管理者意識を捨てなければいけない」と強調していた。当時の自民党が政権の座に胡座《あぐら》をかいて、あたかも行政や産業、国民の管理者であるかのような傲慢《ごうまん》さを持っていることに、警鐘を鳴らしたのである。

世襲議員が目立つ今、石田氏のこの警告は切実さをいっそう増しているように見える。世襲政治が横行するなか、政治家が「自分は管理者として生まれてきた」と錯覚しているのではないかと感じることが少なくないのだ。

岸田首相が「新しい資本主義」、「異次元の少子化対策」と声高に叫んでも、世論はそれに大きく呼応していない。それによって支持率が上がるどころか、下がっていくおそれさえある。それは、首相の言葉にどこか管理者意識がにじんでいるからではないか。

まずは世論が解決を強く求める課題の処理を

首相が大きな課題に挑戦するための国民的協力を得るためには、世論が強く求める未処理の政治課題に目を向け、それを一つひとつ着実に片付けなければならない。管理者のように上から課題を示して協力を求めるという姿勢では、国民的支持は得られまい。

日本学術会議の任命拒否、自死した赤木俊夫さんの妻が要求する森友学園問題の再調査、首相の子息の秘書官任官、そして世界平和統一家庭連合（旧統一教会）問題への厳しい対応……。こうした問題に真摯《しんし》に取り組んで結果を出せば、それぞれに応じて支持率が驚くほど上昇するだろう。

まずはこうした世論が解決を強く求める課題を処理してこそ、防衛費の大幅増を伴う新しい安保政策であれ、将来を見据えた新しい経済政策であれ、さまざまな困難な課題にも国民的協力を得ることができよう。

国民世論が岸田首相に求めているのは、もはや「聞く力」というより、世論の真剣な要請に「応える力」だろう。

統治者が一変した維新と終戦

施政方針演説で岸田首相は、今の日本は明治維新や昭和の終戦にも匹敵する時代の転換点に立っていると述べた。その認識は正しいと思う。そして、「これまでの時代の常識を捨て去り、強い覚悟と時代を見通すビジョンを持って、新たな時代にふさわしい、社会、経済、国際秩序を創り上げていかなければなりません」という呼びかけにも同調するにやぶさかではない。

ただし、「強い覚悟」はあくまでも世論が求める課題の処理において明確に示してほしい。また、「時代を見通すビジョン」を官製の〝骨太の方針〟に求めることもやめ、岸田首相が尊敬する池田勇人元首相の「所得倍増政策」のような官民の英知を結集した経済計画を再現してほしい。

そして、首相が指摘した二つの時代の転換点、すなわち明治維新と終戦では、管理者、統治者が一変していることを忘れてはならない。

維新では、江戸時代に社会を統治してきた武士が棚上げにされた。終戦に際しては、戦前の支配層の大半が一掃された。実に国会議員の八割が公職追放の憂き目にあったのである。

文明史的な転換に対応するには

岸田首相が今回述べた歴史の転換点には、維新や終戦よりはるかに深い意味があると私は考えている。維新、終戦が主として政治の秩序の大きな転換だったのに対し、今回は文明史的転換と言っても過言ではないと思うからだ。

これから数年で日本にある神社仏閣の三分の一がなくなるという報告がある。こんなことは、維新でも終戦でもあり得なかったし、史上類例を知らない。結婚式も葬式も極端なほど簡素化され、かつての常識が通用しないようになっている。日本で急激に進む「少子化」も、そんな文明史的転換と無縁ではないだろう。首相演説の「広い意味での持続可能性の問題」は、おそらく人類が直面した最も困難な問題に違いない。

これほどまでの歴史の変動に、「管理者意識」を持ち、既得権に固執する政治で対応できるのだろうか。岸田首相が歴史の転換に真剣に臨むのであれば、時代の担い手の転換もまた視野に入れてほしいものだ。

岸田首相は長期の「経済計画」の策定を！　場当たりの政策転換が経済の劣化を招いた

（二〇二三年〇三月〇二日）

報道によると、日本の名目GDP（国内総生産）が今年中にもドイツに抜かれ、世界三位から四位に落ちることが確実視されている（二月一九日日経）。すでに二位の中国には大差をつけられていて、遠くない将来、インドやインドネシアなどの〝人口大国〟に抜かれることも視野に入っている。

ところで、ドイツに抜かれることとインドに抜かれることでは意味が違う。ドイツは第二次世界大戦の敗戦国同士。戦後、西ドイツ時代の復興は早く、しばらくは日本の前を走っていたものの、いったんは失速して長く日本の後塵を拝していた。さらに、一九九〇年の東西ドイツ統一によって、政治的、経済的な負担も加わった。二〇一一年には福島第一原発事故を教訓にして、日本より先に〝脱原発経済〟に果敢に踏み込んでいる。

そのドイツが再び日本を追い抜く事態を、日本は深刻に受け止めなければならない。ドイツだけではない。かつてわれわれが〝老大国〟とみなしていたイギリスやフランスも、今世紀に入って以降、勢いを取り戻し、日本を追い上げてきている。

日本経済の〝峠〟だった二〇〇〇年

日本経済の低迷について考えるとき、特に目立つのは平均賃金の停滞である。

ＯＥＣＤ（経済協力開発機構）の二〇二〇年の調査（物価水準を考慮した「購買力平価」ベース）によると、加盟三五カ国中、日本は実に二二位。一位のアメリカの七六三万円と比べて、三三九万円差の四二四万円にとどまっている（朝日新聞二〇二一年一〇月二〇日）。韓国にも二〇一五年に抜かれ、三八万円の差をつけられている。

また、二〇〇〇年に世界一位だった日本の労働生産性は、一九年には二六位に転落している（日本生産性本部）。生産性の向上なくして一人当たり所得の持続的な成長を実現することはあり得ない。

こうした様々な経済指標の推移を観ると、日本がトップグループから脱落する兆しが見えたのは九〇年代末、そして今世紀に入ってからはその方向がさらに明確になったことが分かる。日本経済の〝峠〟は二〇〇〇年と言っていいだろう。

日本経済はなぜ二〇年間停滞し続けたのか？

この二〇年間、日本経済はなぜ停滞し続けたのか。

バブル崩壊の後遺症、少子高齢化の進展による構造変化など、多くの要因があるであろうが、最大の問題は、われわれがその要因がどこにあるのか、本格的な検討に着手していない点にある。ドイツ、イギリス、フランスはなぜ再起、復調に向かっているのかという分析も必要だろう。

白川方明・前日銀総裁は「日本経済の低成長の原因は価格の下落ではなく」、大事な課題は「潜在成長率の低下を食い止め、生産性上昇率を引き上げること」なのに、「このことを学ぶために二〇年以上もの随分長い時間を使ってしまった」と論じている（『東洋経済』一月二一日号）。

鳴り物入りの異次元金融緩和は一体、何をもたらしたのか。数多くの日本経済の劣化要因のなかでまず指摘できるのは、今世紀に入ってからの経済専門家の排他的な独走に見られる経済政策の決定過程の変化である。以下、具体的に見ていきたい。

保守本流の政権から自民党本流の政権へ

二〇〇〇年は日本にとって文字通り歴史的な年であった。

この年、今年と同じように G７サミットが沖縄で開かれたが、それを主導した小渕恵三首相がサミット前に死去。前後して、経世会（田中角栄派の後継）の重鎮である竹下登、梶山静六、二階堂進の各氏が相次いで他界した。

自民党内の武闘派かつ保守本流の巨大な派閥が柱を失うと、それと軌を一にするかのように、政策派、思想派とも言うべきもう一つの保守本流である宏池会が、加藤紘一氏が同年暮れに起こした〝加藤の乱〟によって空中分解の憂き目に遭う。代わって表舞台に立ったのが、森喜朗首相、小泉純一郎首相といった、岸信介、福田赳夫の両元首相を源流とする清和会の政権だった。

ちなみに清和会を軸とする自民党政治の流れは、途中に民主党政権をはさんで、第二次以降の安倍晋三政権まで続いた。私はこの流れを、保守本流に対する「自民党本流」と呼んでいる（拙著『自民党本流と保守本流』に詳述した）。自民党綱領が岸、福田両氏の思想を軸に書かれたからだ。

経済の劣化をもたらした制度的要因

話を二〇〇〇年に戻そう。

この年、保守本流の流れが途絶えたのは、長年、政権を担当することによって政治の「構造汚職」が生じ、世論の支持を失ったためだと言っても良い。

そして、保守本流政権の退場とともに忘れてならないのが、年が明けた二〇〇一年一月の中央省庁の再編統合、いわゆる〝省庁再編〟だった。これによって登場した〝新しい霞が関〟こそが、日本経済に劣化をもたらした制度的要因ではないかと、私は考えている。

なかでも、経済企画庁が廃止され、「経済計画」が策定されなくなったことにより、政府が日本経済について権威のある「展望と指針」を示さなくなった弊害は大きい。なぜなら、それによって日本経済が海図なき航海を強いられ、漂流せざるを得なくなったからだ。

安保の年に東大の駒場祭で見た光景

私が「経済計画」なるものに初めて接したのは、池田勇人政権のもとで昭和三五（一九六〇）年末に閣議決定された「国民所得倍増計画」だ。まさに〝六〇年安保〟の年であった。

当時、東大の学園祭である駒場祭では、寮の窓に「寮デコレーション」をして、一般に公開していた。その部屋に住む学生たちが人形などをつくって窓に展示し、自らの〝主張〟を世に問うたのである。寮委員長をしていた私はデコレーションの審査にあたったが、一番多かったテーマは政府が発表した所得倍増計画に関するものだった。九〇〇人近い学生たちが住む安保反対の砦《とりで》のような寮でも、政権の経済計画が肯定的に受け止められたのである。安保闘争とその挫折で、血生臭く暗い日々が続いた大学に、一気に明るさが戻った感じでもあった。モノクロ映画がカラーに変わったような感じであった。

所得倍増計画は、日本を「政治の季節」から「経済の季節」へと転換させるものであった。時務を識る政治は時代の空気を一変させ、国民的協力を引き出すことができる、ものだと痛感した。ちなみにこの計画は、政府の公約を上回る成果を上げた。

二つの経済計画に深く関与

私はかつて政府の役職に二度就いている。二度とも自ら志願して経済企画庁で経済計画に深く関与した。

一回目は一九九二年、宮沢喜一内閣で政務次官として、「生活大国五カ年計画」の策定に関与した。日本は経済大国にはなったが、所得が高くても資産が乏しい段階で、「フローからストックへ」の転換を促すため、「資産倍増政策」を掲げた。

私はその経済計画のスローガンとして、「美しい環境と簡素な生活」を提案した。経済界への遠慮はあったが、宮沢首相はそれを採用した。

この経済計画を策定するため、官・民・学・労・報道のプロ、合算して千人近い専門家が経済審議会に結集し、数十回の会議や部会で意見を交わした。私は公用で二度ほど欠席しただけで、そのほとんどに参加して真剣な議論を聴いた。

二回目は一九九六年、橋本龍太郎内閣で長官として、前任の宮崎勇長官の主導で前年に策定された「構造改革のための経済社会計画」の実施に携わり、規制改革に取り組んだ。

昭和三〇（一九五五）年以来、日本経済の方向や目標を示してきた政府の経済計画が、小渕内閣で終わりとなったマイナスは実に大きい。

経済計画は、財政の中期計画も縛るものだが、絶対的なものではなく、その時点での情勢変化に対応はできる。だが、霞が関の政策、特に省益優先の政策には厳しいから、官僚、特に財務官僚には、その権限を強く制約するものだと受け止められてきた。経済計画の作成は野放しの省益を抑制する機能を果たしたのだ。

骨太の経済につながらない「骨太の方針」

二〇〇一年の省庁再編によって、政府が保持していた必要不可欠な機能が失われてしまった。その後の政策は、「骨太の方針」のような一部の官僚の作文を頼りにせざるを得ないが、国民的支持を背景にしていないから、骨太の経済につながるものには到底なっていない。

また「経済財政諮問会議」の活用も一案だが、各界の見識を結集する場とはなり得ないだろう。なにより問題なのは、経済計画のように複数の内閣を縛る「道しるべ」がないと、すべてが場当たり的な対応になりかねないことである。政権基盤の強い首相が、声の大きな経済専門家と結託すると、その影響が広く長く浸透せざるを得なくなる。

故安倍晋三氏は、首相として自らの政権運営の指針として「三本の矢」を掲げたが、結局のところ、三本目の矢である「成長戦略」で成果を示すことができなかった。成長戦略の具体策を徹底的に議論して中長期の道筋をつけることが経済計画の役割であった。もし時代を先読みした経済計画があれば、われわれがワクチンや半導体をめぐって一喜一憂することはなかったかもしれない。

岸田首相は経済計画に取り組むべきだ

岸田文雄首相は宏池会の創始者である池田勇人首相を尊敬し、宏池会の先輩である宮沢喜一首相を恩師と明言している。この二人はともに、経済計画の策定に最も熱心に取り組んだ首相である。

経済の先行きが見えず、低迷の沼に喘《あえ》ぐ日本はいま一度、構想力に富んだ新たな経済計画の策定に取り組むべきだ。日銀の新総裁人事が注目を集める今、岸田首相は小手先の政策転換はさておき、今世紀を展望する経済社会の姿を描き出す意欲を示してほしいと強く願っている。首相の「新しい資本主義」という言葉は、もはや空虚に響くだけである。

【著者紹介】田中秀征（たなか・しゅうせい）

一九四〇年長野県生まれ。福山大学経済学部教授を経て、現在、客員教授、石橋湛山記念財団理事、「さきがけ塾」塾長。東京大学文学部西洋史学科、北海道大学法学部卒業。八三年に衆議院議員初当選。九三年六月に新党さきがけを結成し代表代行。細川護熙政権の首相特別補佐。第一次橋本龍太郎内閣で国務大臣・経済企画庁長官などを歴任。主な著書に、『新装復刻　自民党解体論』（旬報社）、『平成史への証言――政治はなぜ劣化したか』（朝日選書）、『自民党本流と保守本流――保守二党ふたたび』（講談社）、『保守再生の好機』（ロッキング・オン）、『判断力と決断力――リーダーの資質を問う』（ダイヤモンド社）、『日本リベラルと石橋湛山――いま政治が必要としていること』（講談社メチエ）、『舵を切れ――質実国家への展望』（朝日文庫）、『梅の花咲く――決断の人・高杉晋作』（講談社文庫）など。

小選挙区制の弊害――中選挙区連記制の提唱

二〇二四年五月三〇日　初版第一刷発行

著者……田中秀征
装丁……佐藤篤司
発行者……木内洋育
発行所……株式会社 旬報社
〒一六二―〇〇四一 東京都新宿区早稲田鶴巻町五四四
TEL 03-5579-8973　FAX 03-5579-8975
ホームページ http://www.junposha.com/
印刷・製本……中央精版印刷 株式会社

 ISBN978-4-8451-1904-2